30분에 끝내는 부동산 셀프소송

30분에 끝내는
부동산 셀프소송

초판 1쇄 인쇄 | 2023년 1월 2일
초판 1쇄 발행 | 2023년 1월 9일

지은이 | 구민수
펴낸이 | 박영욱
펴낸곳 | 북오션

경영지원 | 서정희
편　집 | 고은경 · 조진주
마 케 팅 | 최석진
디 자 인 | 민영선 · 임진형
SNS마케팅 | 박현빈 · 박가빈

주　소 | 서울시 마포구 월드컵로 14길 62 북오션빌딩
이메일 | bookocean@naver.com
네이버포스트 | post.naver.com/bookocean
페이스북 | facebook.com/bookocean.book
인스타그램 | instagram.com/bookocean777
전　화 | 편집문의: 02-325-9172　영업문의: 02-322-6709
팩　스 | 02-3143-3964

출판신고번호 | 제 2007-000197호

ISBN 978-89-6799-742-7 (03320)

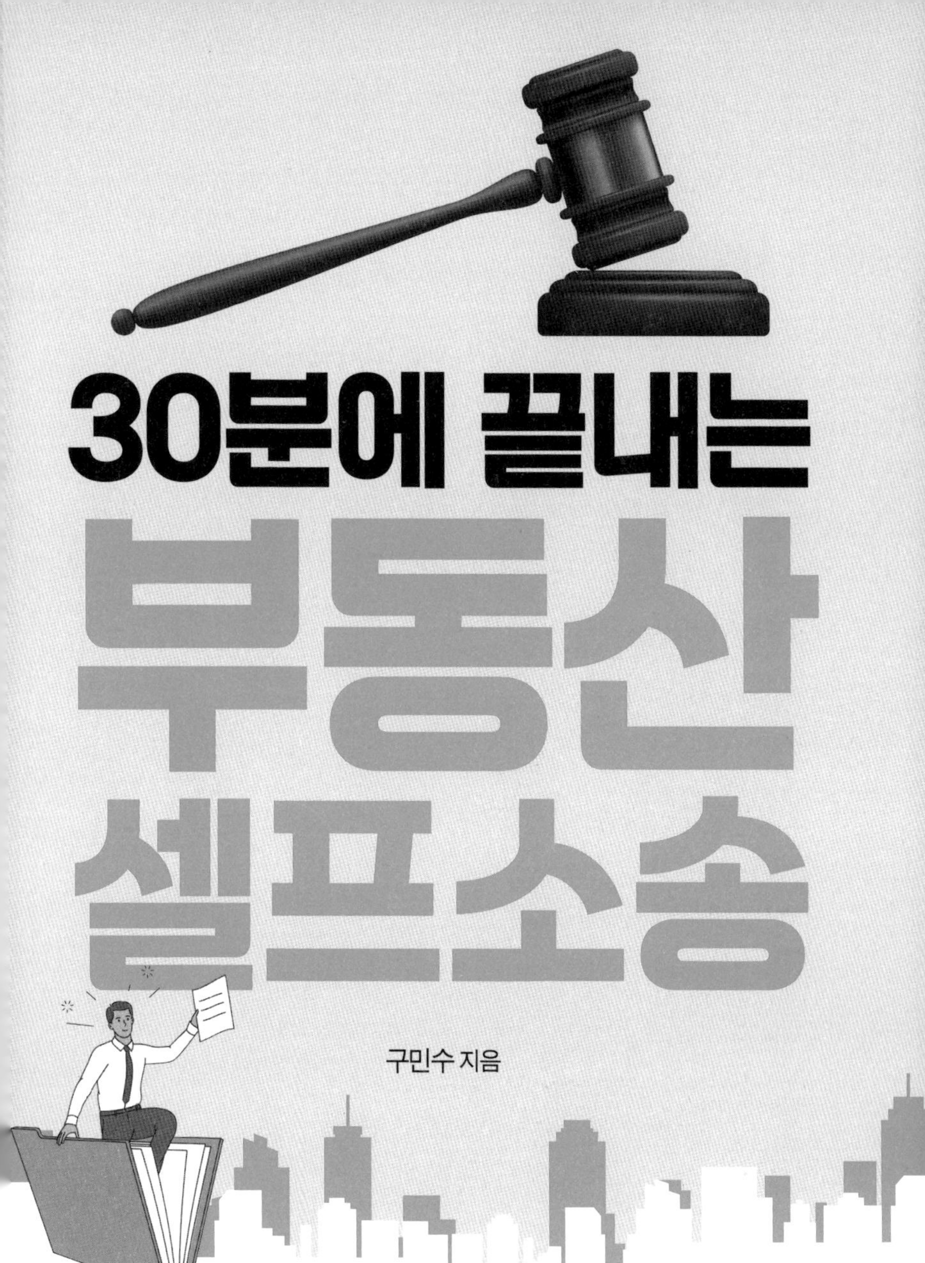

30분에 끝내는 부동산 셀프소송

구민수 지음

북오션

추천사

사람들은 몸에 이상(異常)이 있으면 의사를 찾고 사회생활이 고장(故障) 나면 변호사를 찾습니다. 그래서 알고 있으면 좋지만 자주 보면 안 되는 직업으로 의사와 변호사를 꼽습니다. 가깝고도 멀어야 하는 직업인 셈입니다.

병의 예방에 중점을 둔 것으로 치료의학의 대응어로 쓰이는 '예방의학'은 질병을 예방하는 단계를 셋으로 나눕니다. 1단계는 체력 조절과 건강 증진, 영양 개선, 각종 사고 예방 교육, 2단계는 병을 조기 발견하여 중증으로 나가는 것을 막는 것, 3단계는 후유증을 막고 재활에 집중하는 것 등입니다.

무경험 때문에 경솔한 계약을 덜컥 체결하고 결국 민사소송으로 비화되는 여러 사건을 상담 혹은 자문해 주다 보면, 이러한 영역에서도 수련이 필요해 보입니다. 위의 1단계 내용에 비추어 "사고 예방을 위하여 겨울철에는 운동하기 전 꼭 스트레칭하세요"라고 하는 것과, "계약서를 작성할 때는 권리 의무 조항을 잘 살피세요"라고 하는 것은 결국 같은 뜻을 담고 있습니다.

사전 리허설 없이 실전(實戰) 경제에서 상처를 입어 가면서 사후적으로 경험을 축적하는 것이 작금의 현실이라면, 경제 감각과 교섭의 노하우를 익히는 편이, 후일 실제로도 고장(故障) 없이 원하는 성과들을 얻는 데 도움이 될 수 있을 것입니다. 그러기 위하여 사람들은 책을 읽고 강의를 들으며, 공부합니다.

저자는 그동안 '셀프' 시리즈를 통해, 질병 예방의 1단계 내지 3단계에 대응하는 법률 지식을 담은 저서들을 출간하였는데, 이 책은 그중에서도 위의 2단계 및 3단계와 관련된 내용을 주로 담고 있습니다. 그리고 현장에서 쌓은 지혜와 경험을 바탕으로 셀프소송 수행에 관한 모든 노하우를 일반인의 눈높이에 맞게 상세히 서술하였습니다. 이 책을 꼼꼼히 읽다 보면, 저절로 위의 제1단계가 달성되는 효과가 있을 것으로 기대합니다.

나의 건강한 사회생활이 고장 나지 않도록 미리 대비하려는 분들께, 내가 처한 사소한 법적 분쟁이 크게 번지거나 후유증이 생기지 않기를 원하는 분들께 이 책을 권합니다.

법무법인(유) 클라스 변호사/파트너 김상순

prologue

폭발 예정 부동산 분쟁,
소송하지 않으려면 사전 준비가 필요하다

분쟁의 씨앗

2018년 주택임대차보호법 개정에 따라 임차인은 기존 임대차계약을 연장할 수 있는 권리를 갖게 되었습니다. 인상폭도 5% 이내로 제한되었습니다. 대부분의 임차인은 계약갱신청구권을 이미 행사하였거나 행사할 의향이 있는데, 부동산 가격이 폭등하자 집주인들의 고민은 깊어졌습니다.

집주인이 실거주한다는 이유만 대면 세입자의 계약갱신청구를 거절할 수 있어, '실거주 카드'를 사용하여 임차인을 퇴거시킨 다음 가격 상승분을 반영한 전세금으로 새로운 세입자를 받을 수 있는 길이 보였기 때문입니다. 때마침 '이중 삼중 전셋값' '전세대란' '이사비만 주면 임차인의 퇴거를 요청할 수 있다'는 루머성 기사와 소문이 돌았습니다. 전세금을 올리지 않은 집주인은 마치 벼락 거지가 된 것처럼 느끼기에 충분했습니다.

유감스럽게도 소유자가 이를 악용하는 사례가 다수 목격되었습니다. 갱신 거절 시점에서 집주인은 실입주라는 사실만 통지하면 되고 구체적인 이유나 계획을 밝힐 필요가 없기 때문입니다. 임차인은 미심쩍으면서도 집주인이 거짓말을 하는지 알 수 없었고, 설령 집주인의 거짓말을 임차인이 알더라도 법은 집주인의 의사를 존중하므로 계약 연장은 되지 않았습니다.

임차인은 임대인을 상대로 손해배상청구로 대응할 수밖에 없습니다. 계약갱신권을 두고 세입자와 집주인 사이에 보이지 않는 눈치 싸움과 힘겨루기가 생긴 것입니다. 그런데 이제는 깡통전세 현상, 코로나19 장기화, 지속적인 금리 인상의 여파로 주택가격 하락을 조심스럽게 준비해

야 합니다. 주택가격이 오르거나 내리거나 임대인과 임차인 모두 미리 대비해야 할 사항이 있습니다.

우리 굳이 소송까지 해야겠어요?

'송사(소송)'에 휘말리면 시간, 비용, 인내심(감정)을 소모하게 됩니다. 반면 이의 제기가 필요한 상황임에도 이를 방치하면 금전적 손실뿐만 아니라 억울한 감정이 켜켜이 쌓이게 됩니다. 최근까지도 '송사에 휘말리기 싫어서' 또는 '법원의 문턱이 높아 보여서' 스스로의 권리를 포기하는 사례를 지켜보며 많이 안타까웠습니다.

그래서 소장을 간단하게 작성하여 제출하고, 부족한 소송 기술이나 지식을 변호사 상담(유료)을 통해 빠르게 보완하는 방법 등을 이 책에 담아보았습니다. 일상을 안전하게 지키는 데 조금이나마 보탬이 되기를 희망합니다.

여러분은 이제 보증금반환청구, 임차권등기명령, 건물명도청구, 점유이전금지가처분, 채권가압류소송(신청) 사건 등 주택임대차보호법, 상가건물임대차보호법에서 생긴 주요 다툼을 스스로 해결하는 방법을 익히게 될 것입니다.

가히 중급자 이상의 법률 지식과 스킬을 보유하였다고 평가할 수 있는 수준으로 (조금 욕심을 내자면) 조금만 응용하면 다른 유형의 분쟁에서도 활용할 수 있습니다.

이는 모두 전자소송 홈페이지 덕분입니다. 사건 유형별로 작성예시 및 적절한 안내를 제공하며, 제시된 문항을 하나씩 입력하면 소장을 자동으로 완성하는 파워풀한 기능을 제공합니다. 그리고 인지세, 송달료 등의 각종 소송비용을 알아서 계산하고, 비용의 즉시 납부를 돕습니다.

일반인에게 소송에 대한 실질적인 선택권이 생겨 법률 초급자도 중급자 이상의 법률 지식과 스킬이 필요한 소송 제기가 가능한 시대가 되었다고 평가하고 싶습니다.

조금만 관심을 가져보십시오. 우리 사회가 "우리 굳이 소송까지 해야겠어요?"라는 말을 자신 있게 할 수 있을 정도로 이미 충분한 사회적 기반을 갖추고 있음을 깨닫게 될 것입니다. 이제 약속을 지키지 않는 '무법자'에게 대응할 강력한 무기가 있다는 사실을 알게 되었습니다. 무기를 사용할 준비가 되어 있다면 무기(소송)를 사용하지 않고서도 분쟁을 조속히 해결하거나 예방할 수 있습니다.

IT 기술과 사회 변화에 맞는 셀프소송 전략

시대가 많이 바뀌고 있음을 실감합니다. 인터넷 매체에서 셀프소송 성공 사례담을 쉽게 찾을 수 있을 정도로 소송과 법원에 대한 진입 장벽이 많이 낮아졌습니다. 셀프소송에 대한 일반인들의 생각이 많이 바뀌면서 양질의 정보에 대한 수요는 꾸준히 늘고 있지만 공급은 조금 부족하다고 느꼈습니다.

소송에 쏟는 비용, 시간, 감정 모두 여러분의 중요한 자산인데, 사소한 정보를 찾는 데 많은 시간을 허비하고 상대방에 대한 복수, 원망 등으로 감정을 낭비하는 모습을 지켜보았습니다. 적은 자원을 투입하여 조속히 분쟁을 종결시키는 것이 어찌 보면 삶을 안전하게 지키는 방법 중 하나입니다. 수단으로써의 셀프소송을 전략적으로 활용하되, 소송 자체가 목적이 되거나 삶을 갉아먹지 않도록 유의해야 합니다.

모든 계약은 상호 신뢰를 전제로 하며, 해석의 공간은 항상 열려 있습니다. 안타깝게도 많은 사람이 간과하고 있지만 임대인, 임차인 상호 간은 서로 대척점에 있지만 대립 관계에 있지 않습니다. 임대차계약 이외에 다른 계약도 마찬가지라고 생각합니다.

자신이 원하는 주장을 관철시키려고 하기보다는 상호 협의하여 적당한 수준에서 합의안을 찾으면 갈등이 폭발하는 참사는 막을 수 있습니다. 이 책에서 제시한 임대차 실무 경험과 노하우는 구체적인 사정과 각자의 인생관과 견해가 달라 일반화시켜 적용하기는 어려울 수 있습니다. 일응의 기준으로 삼되, 다소 부족하거나 상황에 맞지 않는 부분은 다른 변호사의 법률 자문을 받아 보완, 변경하여 적용하면 좋겠습니다.

이 책의 설명

1. 전자소송 홈페이지(ecfs.scourt.go.kr)를 이용하여 간단한 사건의 소장 등 소송서류를 직접 작성, 제출하는 데 필요한 정보를 담았습니다. 소장 제기 이후 소송절차에서 생기는 어려움은 상대적으로 적고, 시간적 여유가 있으므로 충분히 대응할 수 있습니다.
2. 소송사건은 보증금반환청구, 건물명도청구, 손해배

상청구, 약정금청구소송이고, 신청 사건은 채권가압류, 임차권등기명령, 점유이전금지를 중점적으로 다룹니다. 주택, 상가임대차 분쟁에 사용되는 민사소송(신청)으로 한정했습니다.

3. 임대차 분쟁의 특징을 미리 반영하였습니다. 예를 들어 임대차계약서에는 임대인, 임차인의 인적 사항이 모두 기재되어 있어, 피고의 인적 사항(성명, 주민번호, 주소)을 찾기 위한 절차(주소보정, 사실조회, 금융회사 문서제출명령)는 잘 이용되지 않을 것입니다. 간략한 내용만 언급합니다. 또 보전처분(가압류, 가처분)을 제기할 실익이 상대적으로 낮습니다. 임대인은 임대차보증금을 받았고, 임차인 대부분은 우선변제권을 확보하였기 때문입니다. 그럼에도 불구하고 채권 가압류, 채권 압류 및 추심절차는 다른 소송에서 빈번하게 사용되므로 비교적 상세히 다루었습니다.
4. 회사 부동산 자산관리 경험과 주택임대사업을 하며 터득한 실무 경험을 기초로 주택임대차보호법, 상가

건물임대차보호법 해설을 상세히 담았습니다. 분쟁을 다루는 법률가, 학자가 만든 교재와는 성격이 다를 것입니다. 법률용어를 모르더라도 일정 부분 흐름을 쫓으면서 결론을 간접적으로 체험할 수 있도록 노력하였습니다.

5. 셀프소송을 하면 시간과 감정 소모가 많을 수 있습니다. 이를 최소화하기 위한 방편으로 변호사 상담 잘 받는 요령, 법률 분쟁을 대하는 마음가짐 등을 담았습니다.
6. 분쟁 사건은 완전히 동일하지도 다르지도 않습니다. 현재의 분쟁은 전에 일어난 비슷한 유형의 사건 결과를 유추, 모방, 응용하여 해결할 수 있습니다. 해당 지식을 알더라도 직접 실행하다 보면 미묘한 차이점을 발견할 것입니다. 이때는 혼자서 고민하지 말고, 법률구조공단, 변호사 유료 상담, 포털사이트의 무료 상담 채널을 적극 활용하기 바랍니다.
7. 전자소송 홈페이지 안내서, 법원 통계자료를 참조하였습니다.

   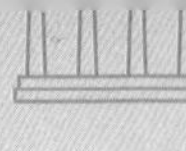

contents

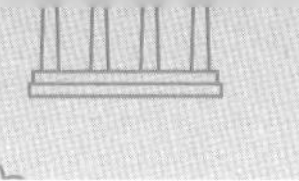

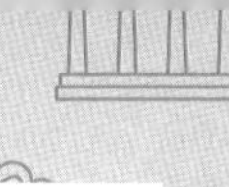

PART 02

실행 - 소장 작성 -

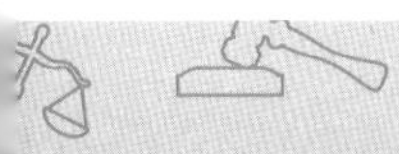

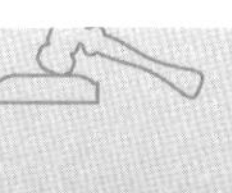

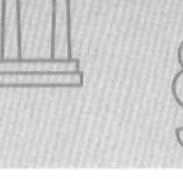

PART 03 학습 - 주택임대차계약 -

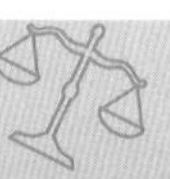
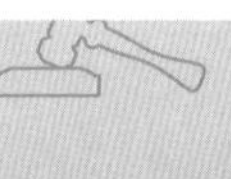

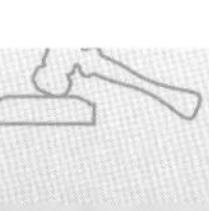

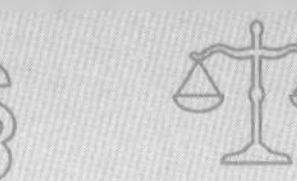

PART 04

학습 - 상가건물임대차계약 -

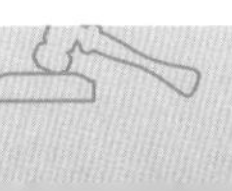
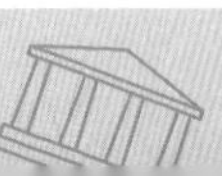

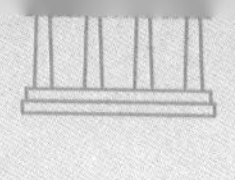

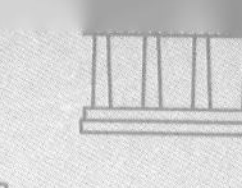

PART 05 코칭 - 변호사 상담받기 -

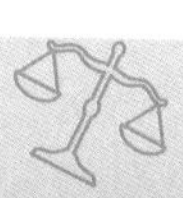
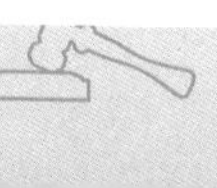

PART

법률 분쟁을 해결하기 위해 넘어야 할 첫 관문은 적정한 소송 유형 찾기입니다. 소송 유형은 결국 분쟁을 종식시키기 위해 상대방을 상대로 제기해야 하는 소송의 종류입니다.

실행준비

- 오리엔테이션 -

민사소송, 변호사 그리고 셀프소송

소송 통계자료(전자소송, 변호사 선임 비율)

2020년, 1년 동안의 발생 사건은 연간 1,800만 건으로 전 국민 100명 중 35명에게 법률 사건이 생기고, 100명 중 12명이 자의든 타의든 소송에 휘말렸습니다. 그리고 민사소송은 본안 사건이 약 100만 건, 본안 외 사건이 380만 건 정도 발생하였습니다.

민사 본안 사건의 접수 건수 중 종이 접수를 제외한 전자 접수(전자소송) 비율은 91%(1심)이며(1심 소액사건은 전체 65만 건 중 58만 건이 전자소송), 변호사 선임 비율은 합의 사건 84.3%, 단독 사건 51.1%, 소액사건 18.2%입니다. 소가 3,000만 원 미만의 소액사건은 대부분 전자소송의 형식으로 변호사 선임이 없는 셀프소송으로 진행되었다는 특징이 있습니다.

소송도 공부

공부는 지식을 선별, 습득, 적용(사용)하는 과정을 거치게 됩니다. 소송을 위해서는 일정 수준 이상의 법률, 소송 관련 지식을 습득해야 하며, 다른 공부와 유사하게 생소한 지식을 학습하고 실행하는 일반 법칙이 적용됩니다. 나만 진학(학문), 취업(실무), 스포츠(동작)를 배울 때처럼 생소함을 익숙함으로 바꾸는 지난한 과정을 거치지 않아도 됩니다. 소송은 일회성 이벤트에 가깝기 때문에 장래 법률 종사자가 되려고 하거나 소송을 계속하기로 계획하지 않는 이상 소송하면서 얻은 지식을 다시 사용할 일이 없습니다.

소송(특히 셀프소송)은 현재의 분쟁상태에서 상황을 더 악화시키지 않고 적당한 자원을 투입하여 적당한 수준으로 분쟁을 매듭짓는 지혜를 발휘해야 합니다. 일반인들이 셀프소송을 진행하는 경우 (사전 준비와 지식이 없는 상태에서) 시행착오, 효율성이 낮은 검색, 법원의 보정명령을 겪는 등 결국 낭비에 가까울 정도로 많은 시간과 감정을 소모하고 있습니다. 소송도 효율적으로 해야 합니다. 법률, 소송 지식은 평소 상식적인 수준에서 최소한으로 알고 있으면 충분합니다. 공부할 분량이 생각보다 많지 않습니다.

변호사 활용 방법의 전환 - 본인 주도로 역할 분담

본인의 사건을 스스로 챙겨 주도권을 잃지 않아야 합니다. 소송을 위임하더라도 사실관계 정리와 증거의 수집은 본인이 해야 합니다. 법률 분쟁이 생겼을 때 변호사부터 찾아 해결을 의뢰하려는 자세는 삶의 주도권을 타인에게 양도하는 것과 같아 바람직하지 않다고 생각합니다.

〈분쟁 해결을 타인에게 의존할 경우 관심 사항〉

우스갯소리로 인생엔 세 가지 길이 있다고 합니다. 바로 실력을 키우거나, 포기하거나, 다른 사람에게 위임하는 방법입니다. 위임도 본인의 실력을 높여 여러 대안 중 하나를 선택할 수 있어야 가능하지, 사실상 선택지가 하나라면 진정한 의미의 위임이라고 할 수 없습니다. 법률 분쟁의 해결과 관련하여 **본인에게 일어난 사건을 스스로 주도하되 변호사에게 소송 위임을 조건으로 하지 않고 유료 법률 상담을 받는 방식**을 강력히 추천합니다. 사건 전체를 변호사에게 '소송 위임'하는 대신 사건을 쪼개서 필요한 부분을 외주화하는 방법입니다.

업계 경쟁이 치열하다 보니 소송 위임을 전제로 하지 않는 유료 법률 상담 서비스(문서 작성, 문서 리뷰, 법률 자문)를 제공하는 변호사가 증가하고 있습니다. 변호사 선임 없이 셀프소송을 진행하는 경우라도 '독학 소송'을 하기보다는 전문지식을 보유한 변호사의 지식 창고를 효과적으로 이용하는 게 바람직합니다. 어떤 변호사를 선임할지 고민하는 것보다 변호사에게 던질 개별적이고, 구체적인 질문이 사건 해결에 더 도움이 될 것입니다.

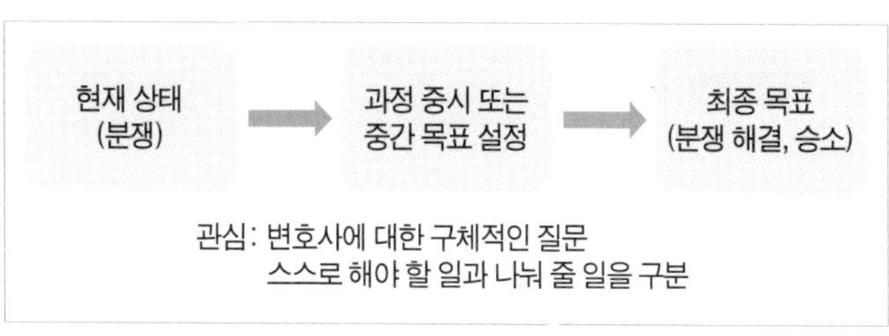

〈본인 주도로 분쟁을 해결하는 경우 관심 사항〉

셀프소송 길잡이

'지금 분쟁이 생겼으니 승소하겠다'와 '소송에서 승소할 수 있다'라는 각오와 격려만으로 승소할 수는 없습니다. 일반인들이 직접 소송을 진행하고자 한다면 승소하기 위한 구체적인 행동 또는 과정에 집중하는 것이 중요합니다.

마일스톤(milestone: 이정표, 도로에서 각 방향이 어느 쪽을 가리키고 있는지 나타내는 표지 또는 프로젝트 관리상 진행 과정에서 특기할 만한 사건) 기법은 학습, 프로젝트 진행 시 널리 활용됩니다. 마감 기한 설정, 사건을 쟁점별로 분류(각 원인과 해결책), 각 쟁점별 시간 배분 등에 용의합니다. 이 기법은 소송에도 적용할 수 있습니다.

업무 메뉴얼 같은 이 책자는 결론과 핵심 키워드만 어렴풋이 기억해 두어도 충분합니다. 분쟁이 생기면 소송의 난이도, 작성해야 하는 서류의 분량, 본인의 기량을 파악하고, 분쟁 해결에 어느 정도의 품(시간)이 들어갈지 가늠해 보는 용도로 사용하기를 바랍니다.

공부 방법: 소장 작성 및 제출 실습

대한민국 법원 전자소송 홈페이지(ecfs.scourt.go.kr)에서 5가지 유형의 소장(신청서)을 함께 작성해 보겠습니다. 보증금반환청구(금전 지급), 건물명도청구소송(행위), 채권가압류(보전처분), 점유이전금지가처분(보전처분), 기타 임차권등기명령신청 사건입니다. 이들은 상가, 주택임대차 분쟁에서 자주 사용되는 해결 방법입니다. 생활과 가장 밀접하게 연관되어 있으므로 배경 설명 없이, 법률용어 사용을 최소화하면서도 민사 소장 작성 및 절차를 보여줄 수 있다고 판단하였습니다.

실전이 가장 효과적인 공부법입니다. 주요 법률용어는 반복을 통해 자연스럽게 익힐 수 있습니다. 문장을 통해 영어 단어를 익히는 원리와 비슷합니다. 반복되는 절차나 패턴이 보이면 (이 책에서 언급하지 않은) 다른 사건에서도 동일하게 적용된다고 짐작해도 크게 틀리지는 않을 듯합니다.

목표 수준: 소장(신청서) 스스로 작성하기

5가지 유형의 소장(신청서) 작성이 가능하다면 '중급

이상의 법률 역량'을 갖춘 상당한 실력자로 볼 수 있습니다. 전자소송 홈페이지를 주목해 보기 바랍니다. 일반인도 일상용어를 기초로 소장 등 소송서류 작성이 가능하도록 편의를 제공하고 있습니다. 눈에 보이지 않는 권리, 의무 및 법률용어를 애써 이해하지 않더라도 어렵지 않게 소장(신청서) 및 소송서류의 작성이 가능합니다. IT 기술 덕분에 초급자도 중급 이상의 법률 역량 발휘가 가능하며, 그만큼 '법원'과 '소송'의 문턱이 낮아진 것입니다. 변호사의 도움 없이 간단한 사건을 '셀프소송'(나 홀로 소송)으로 해결하는 사례도 많습니다.

소장(신청서) 작성 도전이 1차 목표입니다. 시작하면 소장 완성까지 어렵지 않습니다. 소장 등의 작성, 제출 외 증거의 제출과 소송상의 대응이 필요하지만 **원할 때 언제든지 시작할 수 있고, 생각보다 어렵지 않다는 사실을 아는 게 가장 중요하다고 강조하고 싶습니다.**

전자소송 홈페이지 덕분에 편리해진 소송

법원 방문이나 우편 발송 없이 전자적 방법으로 소장 및 소송서류를 제출할 수 있습니다. 소송비용(인지세, 송달료, 보관금 등) 또한 은행 방문 없이 온라인 납부(및 환급)

가 가능합니다. 전자소송 홈페이지를 통해 서류 작성, 제출, 소송비용 납부 외 송달 확인, 제출 서류와 증명서 등의 열람/발급이 가능합니다.

서류 작성을 돕는 기능이 탑재되어 있습니다. 먼저 **사건 유형별로 사용되는 소송서류 양식(템플릿)을 화면으로 구현하였기 때문에 이용자는 빈칸의 내용을 차례대로 입력하기만 하면 최종 문서가 완성됩니다.** 법원에서는 '빈칸 입력방식' 또는 '빈칸 입력방식 문서 자동 생성'으로 부릅니다. 또 각 소송, 신청, 소송서류 유형별로 주요 항목의 작성 예

구분	설명	주요서비스
서류제출	법원을 방문하지 않고 인터넷을 통해 소장을 제출하고, 진행 중 소송서류를 쉽고 편리하게 제출할 수 있습니다.	● 서류검색 ● 민사서류 ● 가사서류 ● 행정서류 ● 특허서류 ● 회생파산서류 ● 민사집행서류 ● 비송,과태료서류 ● 제출내역 ● 회신서 등 제출
송달문서확인	법원에서 전자송달한 각종 부본, 통지서, 명령문, 결정문, 판결문 등을 온라인으로 확인할 수 있습니다.	● 전체송달문서 ● 미확인송달문서 ● 판결문전자송달신청
열람/발급	인터넷으로 사건기록을 열람하고, 송달받은 정본, 등본 문서의 온라인발급을 받을 수 있습니다.	● 나의사건열람 ● 정(등)본발급 ● 열람제한문서열람신청 ● 원심사건기록열람신청
납부/환급	소송비용(인지액,송달료,보관금)을 은행 방문 없이 온라인으로 직접 납부하고, 인지의 경우 환급청구를 할 수 있습니	● 소송비용납부 ● 전자납부내역 ● 가상계좌내역

〈출처: 전자소송 홈페이지 사용자설명서〉

시(샘플)가 제공됩니다. 날짜, 금액, 당사자 이름만 채우면 문장이 완성됩니다. 이 두 가지 기능을 활용해서 소송서류 작성 경험이 없는 일반인도 쉽게 작성할 수 있습니다. 이용자는 백지 앞에서 머리를 싸매며 고민하지 않아도 됩니다. 뿐만 아니라 서류 작성 과정에서 입력한 소가, 당사자 정보 등을 기초로 인지세, 송달료 등 소송비용을 자동으로 계산해 줍니다. 과거처럼 '대법원 규칙' 등에서 계산 방식을 번거롭게 찾지 않아도 되어 편리합니다.

결국 소송의 유형(예시: 보증금반환청구, 점유이전금지가처분, 건물명도소송 등)과 작성할 소송서류 이름(예시: 사실조회신청서, 감정신청서, 문서송부촉탁신청서, 점유이전금지가처분신청서 등)을 알면 소장, 신청서 및 각종 소송서류의 작성은 사실상 끝났다고 보아도 무방할 정도입니다. IT기술 덕분에 중급 이상인 소송의 난이도가 대폭 낮아지게 된 것입니다.

소송 유형 검색이 첫 관문

법률 분쟁을 해결하기 위해 넘어야 할 첫 관문은 적정한 소송 유형 찾기입니다. 소송 유형은 결국 분쟁을 종식시키기 위해 상대방을 상대로 제기해야 하는 소송의 종류입니다. 법률 종사자, 소송 유경험자는 이미 결론을 알고 있으므로 크게 어렵지 않을 것입니다. 소송이 처음인 일반인도 체결한 계약 명칭을 키워드로 소송 유형을 찾을 수 있습니다. 예를 들어 공사도급계약서, 임대차계약서, 물품공급계약서 등의 제목, 계약 용어(법률용어) 키워드를 사용하면 됩니다. 포털사이트보다는 전자소송 홈페이지의 검색창(또는 자주 찾는 사건 항목)이 보다 좋은 해결책이 될 것입니다.

전자소송 동의부터 시작

사건 유형을 찾은 후에는 전자소송 동의 절차를 진행합니다. '당사자 작성' 클릭 후 확인 버튼을 누르면 본격적인 소장 작성 단계가 진행됩니다.

〈전자소송 동의〉

소장 및 소송서류 작성에서 제출까지

소장(신청서)은 1단계(작성)부터 4단계(제출)를 공통으로 거치게 됩니다. 해당 부분에서 상세 설명을 하겠습니다.

- 1단계: 문서 작성 (사건정보, 소명/첨부서류, 작성 문서 확인)
- 2단계: 전자서명
- 3단계: 소송비용 납부
- 4단계: 문서 제출

관할법원 찾기

소를 제기할 법원에 대한 안내입니다. 부동산 임대차 관련 소송(신청)의 관할법원은 피고(자연인, 법인)의 주소지 또는 부동산 소재지(부동산을 직접 목적으로 하는 소와 부동산에 관한 채권관계에 의하여 부동산의 물권 설정, 이전, 점유의 이전, 등기의 이전 등을 구하는 소의 경우)를 기준으로 정해집니다. 관할법원 찾기 및 안내를 참조합니다.

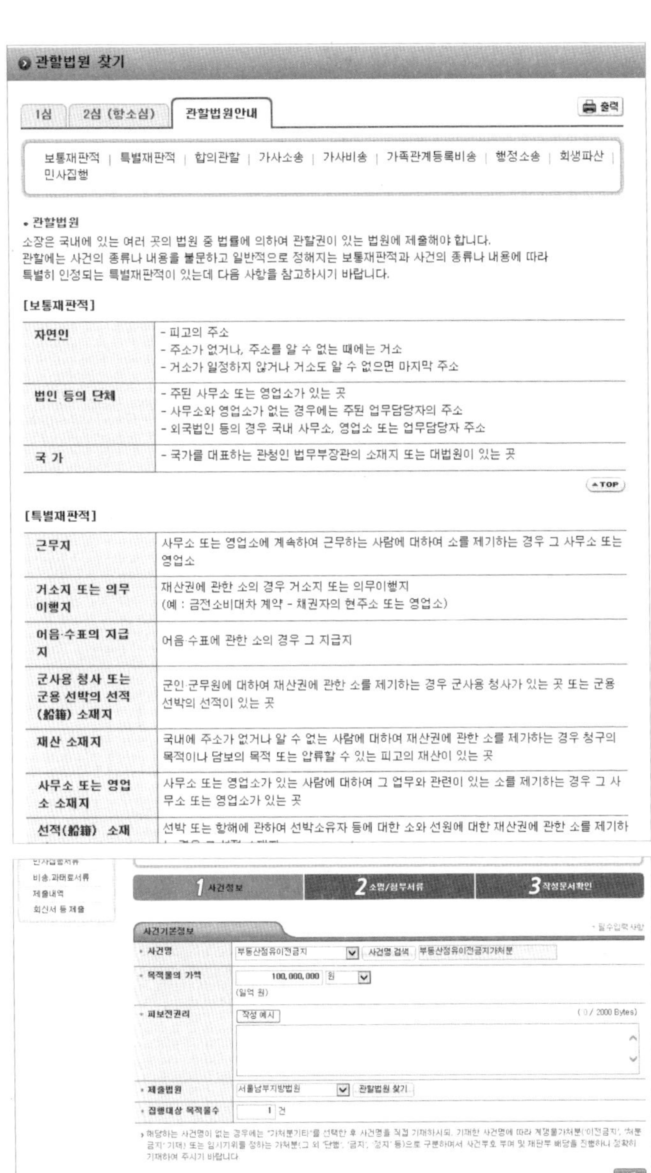

관할법원 찾기

1심 | 2심 (항소심) | 관할법원안내 | 출력

보통재판적 | 특별재판적 | 합의관할 | 가사소송 | 가사비송 | 가족관계등록비송 | 행정소송 | 회생파산 | 민사집행

• 관할법원

소장은 국내에 있는 여러 곳의 법원 중 법률에 의하여 관할권이 있는 법원에 제출해야 합니다. 관할에는 사건의 종류나 내용을 불문하고 일반적으로 정해지는 보통재판적과 사건의 종류나 내용에 따라 특별히 인정되는 특별재판적이 있는데 다음 사항을 참고하시기 바랍니다.

[보통재판적]

자연인	- 피고의 주소 - 주소가 없거나, 주소를 알 수 없는 때에는 거소 - 거소가 일정하지 않거나 거소도 알 수 없으면 마지막 주소
법인 등의 단체	- 주된 사무소 또는 영업소가 있는 곳 - 사무소와 영업소가 없는 경우에는 주된 업무담당자의 주소 - 외국법인 등의 경우 국내 사무소, 영업소 또는 업무담당자 주소
국 가	- 국가를 대표하는 관청인 법무부장관의 소재지 또는 대법원이 있는 곳

TOP

[특별재판적]

근무지	사무소 또는 영업소에 계속하여 근무하는 사람에 대하여 소를 제기하는 경우 그 사무소 또는 영업소
거소지 또는 의무이행지	재산권에 관한 소의 경우 거소지 또는 의무이행지 (예 : 금전소비대차 계약 - 채권자의 현주소 또는 영업소)
어음·수표의 지급지	어음·수표에 관한 소의 경우 그 지급지
군사용 청사 또는 군용 선박의 선적(船籍) 소재지	군인·군무원에 대하여 재산권에 관한 소를 제기하는 경우 군사용 청사가 있는 곳 또는 군용 선박의 선적이 있는 곳
재산 소재지	국내에 주소가 없거나 알 수 없는 사람에 대하여 재산권에 관한 소를 제가하는 경우 청구의 목적이나 담보의 목적 또는 압류할 수 있는 피고의 재산이 있는 곳
사무소 또는 영업소 소재지	사무소 또는 영업소가 있는 사람에 대하여 그 업무와 관련이 있는 소를 제기하는 경우 그 사무소 또는 영업소가 있는 곳
선적(船籍) 소재	선박 또는 항해에 관하여 선박소유자 등에 대한 소와 선원에 대한 재산권에 관한 소를 제기하

비송, 과태료서류
제출내역
회신서 등 제출

1 사건정보 | 2 소명/첨부서류 | 3 작성문서확인

사건기본정보 · 필수입력 사항

· 사건명	부동산점유이전금지 사건명 검색 부동산점유이전금지가처분
· 목적물의 가액	100,000,000 원 (일억 원)
· 피보전권리	작성 예시 (0 / 2000 Bytes)
· 제출법원	서울남부지방법원 관할법원 찾기
· 집행대상 목적물수	1 건

› 해당하는 사건명이 없는 경우에는 "가처분기타"를 선택한 후 사건명을 직접 기재하시되, 기재한 사건명에 따라 계쟁물가처분('이전금지', '처분금지' 기재) 또는 임시지위를 정하는 가처분(그 외 '단행', '금지', '정지' 등)으로 구분하여서 사건부호 부여 및 재판부 배당을 진행하니 정확히 기재하여 주시기 바랍니다.

저장

〈관할법원 찾기 및 안내〉

재판 관할

우선은 피고의 주소지가 기준이 되지만, 임대차 관련 소송은 부동산 소재지 관할법원에 소 제기를 하면 됩니다.

청구취지(신청취지)

금전을 지급, 의무 이행, 건물 명도 등 상대방으로부터 이행을 원하는 사항입니다. 해당 사건 유형에 맞는 작성 예시가 제공됩니다.

청구원인(신청이유)

소송(신청)을 제기하는 이유입니다. 유형에 맞는 작성 예시 또는 요건사실(승소하기 위해 주장 입증해야 하는 사실)이 제시됩니다. 각 사실을 육하원칙에 맞게 작성하면 됩니다. 법원은 원고가 이를 모두 모두 주장, 입증했는지를 기준으로 원고의 손을 들어줄지의 여부를 판단합니다. 청구원인의 예시는 다음과 같습니다.

- 대여금: 돈을 빌려준 사실, 변제기 도래 사실, 채무자가 변제를 하지 않은 사실
- 공사 대금: 공사 계약 체결 사실, 공사 완료 사실, 공사 대금 미지급 사실

- 계약금 반환: 계약 체결 사실, 계약의 취소 또는 해지 사실, 계약금 반환 조항의 존재 사실

소가: 소송상의 가액

PART

소 제기 전 동시이행 항변의 가능성 및 임차권등기명령을 고려해야 합니다. 보증금반환 청구소송에서 '임차권등기명령' 제기와 '지연 이자 청구' 부분은 법률 상담이 필요합니다.

실행

- 소장 작성 -

보증금반환청구

전자소송 홈페이지를 이용하여 전세권자(임차인)가 임대인(소유주)을 상대로 제기하는 보증금반환(전세보증금 포함)을 청구하는 소장을 작성해 보겠습니다.

순서도

소송은 준비, 소송, 강제집행 신청으로 나눠집니다.

준비 단계

계약해지 통보 및 반환금 요청 등(내용증명 포함)

소송 단계

- 전사소송 홈페이지 가입(공동인증서)
- 소장 작성

- 소가, 인지대 송달료 납부
- 입증 서류, 첨부서류 업로드 및 제출
- 법원의 주소보정 명령
- 주소보정 명령서 지참 후 주민센터 방문(피고 주민등록초본 발급)
- 주소보정
- 재송달(특별송달 또는 공시송달) 신청 및 재송달 등 진행
- 변론기일 지정, 변론기일 출석
- 판결 선고

강제집행 신청

전자소송 홈페이지 가입 등 준비

공동인증서(구 공인인증서)로 전자소송 홈페이지 가입 후 로그인을 합니다. 상세 설명은 생략하겠습니다. 메인화면에서 서류 제출, 민사 서류를 차례로 클릭합니다.

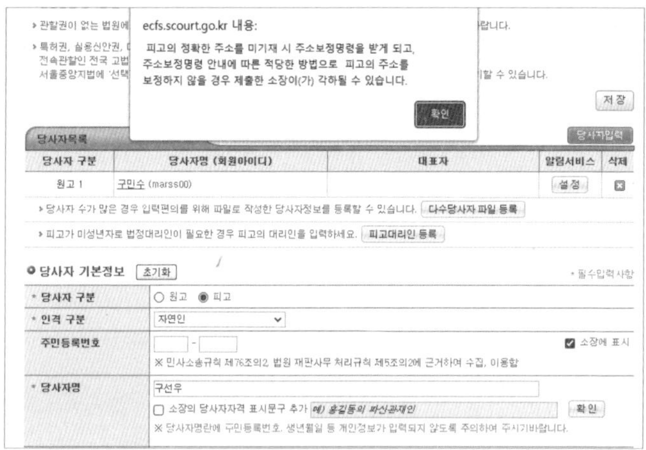

〈초기 작성 화면〉

소장 작성

소장 작성을 시작합니다. 사건명 항목에서 '임대차보증금 반환청구'를 선택한 후 원고, 피고, 청구취지(결국 보증금과 이자를 달라는 요청), 청구원인(임대차계약 체결, 종료, 종료 후 미반환)을 차례로 기재합니다. 원고는 본인, 피고는 임대인이 되며, 청구취지 및 청구원인은 작성 예시를 참조합니다.

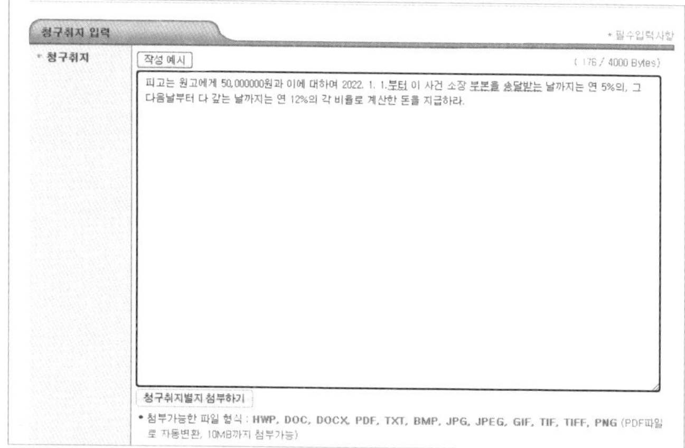

〈청구취지 입력: 보증금 5,000만 원 입력, 민사 5% 이자, 소송촉진법 연 12% 이자 입력〉

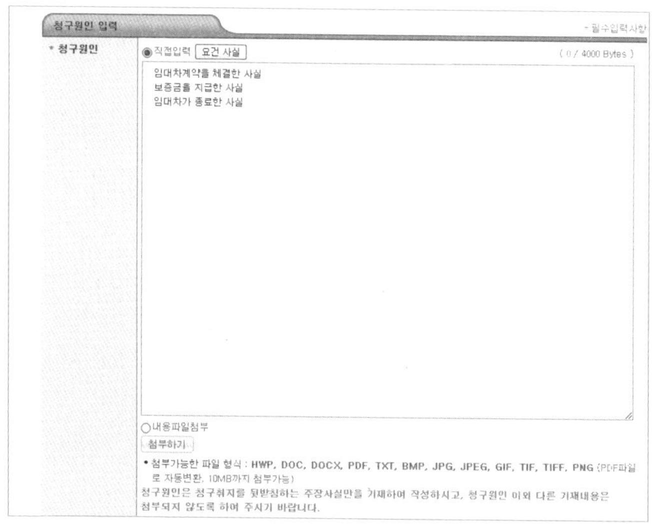

〈청구원인 작성: 제시된 작성 예시를 길잡이 삼아 내용을 붙이기〉

임대보증금 반환 청구는 임대차계약을 체결한 사실, 보증금을 지급한 사실, 임대차계약이 종료된 사실을 요건으로 합니다. 제시된 요건을 소제목으로 각 사실을 육하원칙에 맞게 풀어쓰면 청구원인 작성이 완료됩니다.

다음은 소송비용(인지액, 송달료)을 납부하는 단계입니다. 임대차보증금을 입력하면 소가, 인지액, 송달료가 자동으로 계산되어 나타나며, 제시된 납부 방식(가상계좌, 계좌이체, 신용카드, 휴대폰 소액결제) 중 하나를 선택하여 납부 절차를 마무리하면 됩니다.

증거의 제출은 파일을 업로드하는 방식으로 진행합니다. 증거는 제시된 3가지 사실을 증명하는 목적입니다. 증거가 되는 서류는 입증 서류이고, 그 밖의 서류는 첨부서류로 분류됩니다. 입증 서류 제출 시 유의 사항은 홈페이지에 자세히 나와 있습니다.

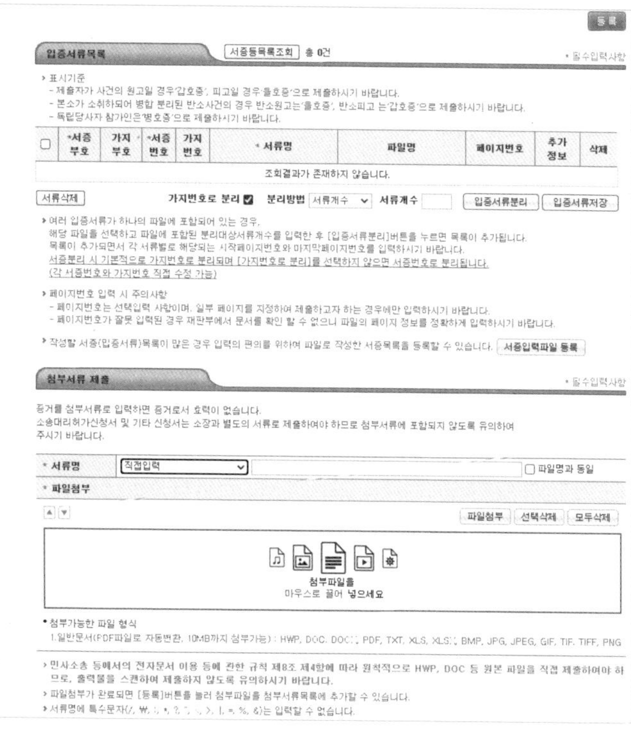

등록

입증서류목록 서증등목록조회 총 0건 * 필수입력사항

› 표시기준
- 제출자가 사건의 원고일 경우'갑호증', 피고일 경우'을호증'으로 제출하시기 바랍니다.
- 본소가 소취하되어 병합 분리된 반소사건의 경우 반소원고는'을호증', 반소피고 는'갑호증'으로 제출하시기 바랍니다.
- 독립당사자 참가인은'병호증'으로 제출하시기 바랍니다.

☐	*서증 부호	가지 부호	*서증 번호	가지 번호	* 서류명	파일명	페이지번호	추가 정보	삭제
조회결과가 존재하지 않습니다.									

서류삭제 가지번호로 분리 ☑ 분리방법 서류개수 서류개수 입증서류분리 입증서류저장

› 여러 입증서류가 하나의 파일에 포함되어 있는 경우,
해당 파일을 선택하고 파일에 포함된 분리대상서류개수를 입력한 후 [입증서류분리]버튼을 누르면 목록이 추가됩니다.
목록이 추가되면서 각 서류별로 해당되는 시작페이지번호와 마지막페이지번호를 입력하시기 바랍니다.
서증분리 시 기본적으로 가지번호로 분리되며 [가지번호로 분리]를 선택하지 않으면 서증번호로 분리됩니다.
(각 서증번호와 가지번호 직접 수정 가능)

› 페이지번호 입력 시 주의사항
- 페이지번호는 선택입력 사항이며, 일부 페이지를 지정하여 제출하고자 하는 경우에만 입력하시기 바랍니다.
- 페이지번호가 잘못 입력된 경우 재판부에서 문서를 확인 할 수 없으니 파일의 페이지 정보를 정확하게 입력하시기 바랍니다.

› 작성할 서증(입증서류)목록이 많은 경우 입력의 편의를 위하여 파일로 작성한 서증목록을 등록할 수 있습니다. 서증입력파일 등록

첨부서류 제출 * 필수입력사항

증거를 첨부서류로 입력하면 증거로서 효력이 없습니다.
소송대리허가신청서 및 기타 신청서는 소장과 별도의 서류로 제출하여야 하므로 첨부서류에 포함되지 않도록 유의하여 주시기 바랍니다.

* 서류명 직접입력 ☐ 파일명과 동일
* 파일첨부

파일첨부 선택삭제 모두삭제

첨부파일을
마우스로 끌어 넣으세요

• 첨부가능한 파일 형식
1.일반문서(PDF파일로 자동변환, 10MB까지 첨부가능) : HWP, DOC, DOCX, PDF, TXT, XLS, XLSX, BMP, JPG, JPEG, GIF, TIF, TIFF, PNG

› 민사소송 등에서의 전자문서 이용 등에 관한 규칙 제8조 제4항에 따라 원칙적으로 HWP, DOC 등 원본 파일을 직접 제출하여야 하므로, 출력물을 스캔하여 제출하지 않도록 유의하시기 바랍니다.
› 파일첨부가 완료되면 [등록]버튼을 눌러 첨부파일을 첨부서류목록에 추가할 수 있습니다.
› 서류명에 특수문자(/, ₩, :, *, ?, ", <, >, |, =, %, &)는 입력할 수 없습니다.

〈입증 서류, 첨부서류는 파일을 마우스로 끌어서 업로드〉

이와 같이 순서대로 해당 항목을 입력하면 다음과 같은 소장의 작성이 완료됩니다. 청구원인 작성과 입증 서류를 입력하지 않고 빠르게 진행하니 로그인 후 대략 5분 정도 소장 작성이 끝났습니다. 입증 서류 제출에 대해서는 화면에 상세 설명이 있습니다.

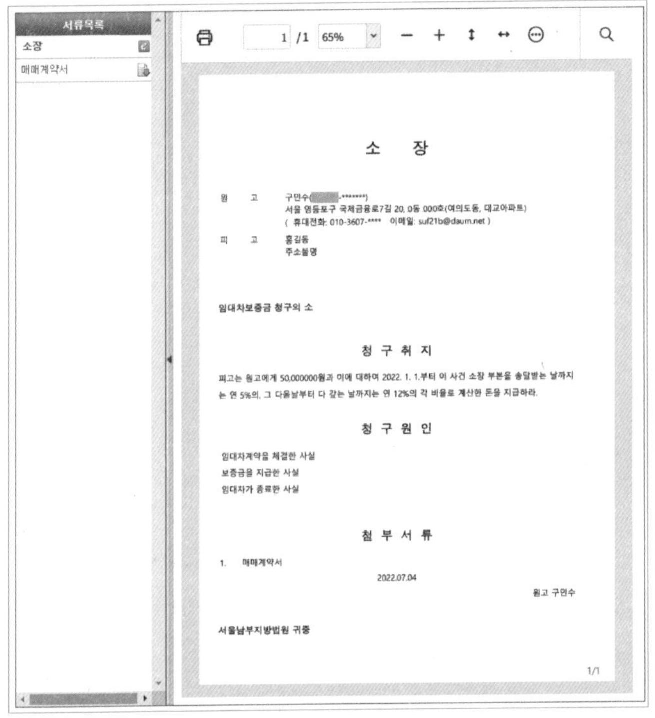

소 장

원 고 구만수(■■■■■■-*******)
서울 영등포구 국제금융로7길 20, 0동 000호(여의도동, 대교아파트)
(휴대전화: 010-3607-**** 이메일: suf21b@daum.net)

피 고 홍길동
주소불명

임대차보증금 청구의 소

청 구 취 지

피고는 원고에게 50,000000원과 이에 대하여 2022. 1. 1.부터 이 사건 소장 부본을 송달받는 날까지는 연 5%의, 그 다음날부터 다 갚는 날까지는 연 12%의 각 비율로 계산한 돈을 지급하라.

청 구 원 인

임대차계약을 체결한 사실
보증금을 지급한 사실
임대차가 종료한 사실

첨 부 서 류

1. 매매계약서

2022.07.04

원고 구만수

서울남부지방법원 귀중

1/1

〈소장 작성 사례〉

방금 작성한 소장 안에는 사건의 종류, 청구취지, 청구원인, 첨부서류, 당사자(원고, 피고), 관할법원(부동산 소재지) 등 모든 사항이 들어 있습니다. 이렇게 법률용어를 몰라도 간단한 소장 정도는 작성이 가능합니다. 다소 번잡했던 소송비용 산정과 납부는 시스템 덕분에 간단히 해결됩니다. 소장, 답변서, 준비서면, 의견서 등 서류 작성과 상담을 전담하는 고용 변호사는 소송비용 납부 등의 회계 업무를 접해보지 않아 생소할 수 있습니다.

임대인을 상대로 '보증금반환청구' 소장 작성을 마쳤습니다. 다른 소송도 분쟁의 유형에 적합한 소송 유형부터 찾아 시스템에서 정한 내용을 순서대로 입력하면 소장을 작성할 수 있습니다.

입증 서류, 첨부서류 첨부, 소송비용 납부, 전자 제출 동의, 제출은 이후의 내용을 참조하기 바랍니다.

임대차보증금 반환청구소송의 특징 및 유의 사항

임대차보증금 반환청구소송의 특징

- 피고의 특정이 쉬움: 피고의 주소, 주민등록번호, 연락처를 기재하지 않아도 소장 작성이 가능합니다. 성명불상자를 상대로 소송을 제기하거나 또는 주소지 등을 모르는 경우에도 민사소송이 가능합니다. 상대방의 핸드폰 연락처나 계좌번호만 알고 있는 경우와 같이 이름, 주소, 주민등록번호를 모르더라도 먼저 소장을 제출하여 법원의 '보정명령'을 받아 보완할 수 있습니다. 임대차의 경우 임대차계약서에

이미 피고(소유주)의 인적 사항이 모두 들어 있으니 피고의 특정(지정), 인적 사항 등의 미기재가 문제될 확률은 낮습니다(다른 공사계약, 물품 계약, 금전 대여 계약 등은 계약서를 체결하지 않거나 주소 등의 정보가 다르게 작성되는 경우도 있습니다. 만약 상대방의 연락처나 은행 계좌번호만 알고 있다면 금융회사에 대한 문서제출명령 또는 통신사에 대한 사실조회 요청의 방법으로 피고를 특정합니다).

- 피고 주소지 보정이 간편: 피고가 소장을 받지 않은 경우 재송달, 특별송달 등의 절차를 통해 재차 소장을 송달합니다. 임대인이 이사했을 경우(또는 소유자가 바뀐 경우)에도 원래 체결한 임대차계약서(또는 부동산등기부)에 기재된 임대인의 주소를 소장에 기재합니다. 소장이 피고(임대인)에게 전달되지 않으면, 법원은 '주소보정명령'을 하게 됩니다. 이 경우 '주소보정명령서'를 가지고 주민센터를 방문합니다. 피고의 주민등록초본을 발급받아, 주소지를 보정하면 됩니다(금융회사, 통신사의 회신을 받아 피고를 특정한 이후 피고의 주소지를 파악할 때도 동일한 절차가 진행됩니다).

• 1회 변론 원칙 등 간이 절차 적용: 임차보증금반환 소송은 소액사건심판법의 일부 조항이 적용됩니다. 1회 변론을 원칙으로 하므로 다른 민사 사건보다 소송 진행이 더 빠르다는 뜻입니다. 또 배우자, 직계가족은 법원의 허가를 받지 않아도 소송대리가 가능합니다. 배우자 등 가족에게 소송위임을 하려면 소송을 위임한다는 내용이 포함된 위임장을 작성하고, 가족관계증명서(상세)를 첨부서류로 제출합니다.

임대차보증금 반환청구소송 시 유의 사항

• 가압류, 가처분 등 보전처분을 진행할 실익이 상대적으로 적음: 통상 임차보증금보다 부동산의 시세가 더 높기 때문에 부동산의 매각으로 임차보증금이 회수되는 경우가 대부분입니다. 소유자(임대인)의 일반재산 가압류 또는 처분금지가처분신청을 진행할 실익이 낮습니다. 다만 주민등록, 확정일자를 갖추지 못하여 우선변제권을 확보하지 못하였다면 신속히 가압류 등 보전처분 절차를 취해야 합니다. 이때는 시간이 관건이므로 서둘러 변호사의 자문을 받는 게 좋습니다.

임대인의 경우도 보증금이 있으므로 악성 임차인을 상대로 건물명도소송을 제기하기 전 사전에 점유이전금지가처분신청을 진행하는 경우를 제외하고는 보전처분의 실익이 상대적으로 적습니다. 보증금이 남아 있더라도 연체가 2기 또는 3기가 연속되면 바로 점유이전금지가처분신청, 건물명도소송을 제기하는 것이 바람직합니다.

- 동시이행 항변 및 임차권등기명령을 반드시 고려

소 제기 전 동시이행 항변의 가능성 및 임차권등기명령을 고려해야 합니다. 보증금반환 청구소송에서 '임차권등기명령' 제기와 '지연 이자 청구' 부분은 법률 상담이 필요합니다. 전자소송 홈페이지를 통해 소장을 작성한 다음 제출하기 전이면 좋을 것 같습니다. 작성한 소장, 등기명령신청서 검토와 증거서류 누락 여부를 확인 받고 향후 진행 방향을 듣는다면 셀프소송 승소 확률을 높이고, 심리적인 안정도 찾는 효과가 있으므로 상담 비용이 비싸다고 느끼지 않을 것이라 예상합니다.

임차권등기명령

주택임대차보호법은 주택의 인도와 주민등록을 대항력의 취득 및 존속 요건으로 하고 있기(상가임대차도 비슷한 취지) 때문에 임차인이 보증금 회수 전 이사를 가게 되면 종전에 취득하였던 대항력 및 우선변제권이 상실되어 보증금을 돌려받기 어려워집니다. 임차권등기명령제도는 우선변제권 등을 유지하기 위한 목적으로 법원을 상대로 진행하는 신청 절차입니다. 이사, 보증금반환청구소송 제기 전 마무리해야 합니다.

작성 순서

- 임차권등기 검색 후 주택임차권등기명령신청서 항목 클릭
- 진행 동의 후 당사자 작성 클릭
- 등기촉탁수수료 및 등록면허세 입력 - 추후 납부 가능(선담보가 있다면 해당 기본정보 입력)
- 신청인 입력: 본인(임차인) 내정보 가져오기
- 피신청인 입력: 임대인 정보 입력
- 신청취지 및 신청이유 작성 - 목적물 기본정보

임차권등기 검색 후 주택임차권등기명령신청서 항목 클릭

전자소송 홈페이지에 로그인하고 작성하고자 하는 소장, 신청서의 종류를 찾으면 작성의 절반 이상이 해결됩니다. 메인화면에서 '임차권등기'로 검색, 해당 주택임차권등기명령신청서 항목을 클릭합니다. 이제부터는 기계적으로 입력하면 됩니다.

〈메인화면에서 임차권등기로 검색〉

진행 동의 후 당사자 작성 클릭

민사 서류(주택임차권등기명령신청서) 작성을 시작하기 전 동의 절차가 진행됩니다.

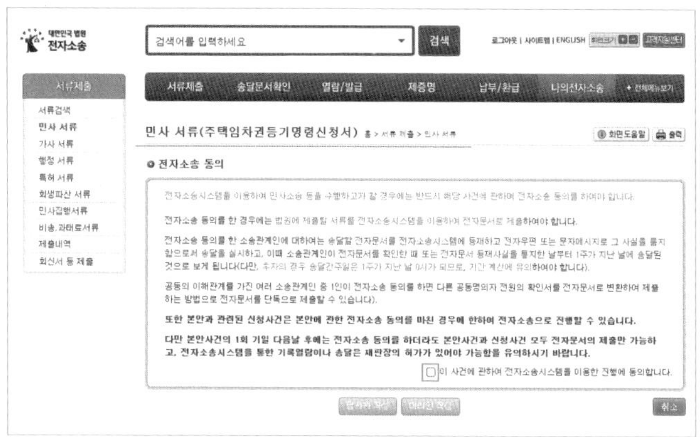

〈전자소송 동의〉

등기촉탁수수료 및 등록면허세 납부 내역 입력

시작부터 납부 내역을 입력하라고 하여 솔직히 좀 당황스러웠습니다. 문의해 보니 비용 납부 및 납부 내역을 입력하지 않아도 신청서 작성 및 제출까지 가능하다고 합니다. 법원의 보정명령 대상이 됩니다. (이 부분이 생소하다면 작성하지 않고 다음 항목을 먼저 작성 후 임시 저장한 다음, 다시 돌아와 비용을 납부하고 수수료 등의 항목을 입력하여도 됩니다.)

등기촉탁수수료는 '임차권'(대항력 및 우선변제권 유지 목적)의 '등기'(임대인의 부동산에 임차권등기)를 '촉탁'(법원에 신청하지만 등기소에서 등기하므로 법원이 등기소에 '부탁'합니다)하기 위한 수수료입니다. 그리고 등록면허세는 등기신청 비용입니다.

원래 등기신청 비용은 선납부입니다. 임차권 등기를 구하는 신청이므로 등기촉탁수수료 및 등록면허세를 먼저 입금 후 납부 정보(금액, 납부번호 등)를 입력합니다. 등기촉탁수수료는 '대법원 인터넷등기소' 사이트에서, 등록면허세는 '위택스(세금)'에서 납부합니다. 선담보가 있다면 그 기본정보를 입력합니다(선담보는 임대인이나 임차인이 가입한 보증보험을 말합니다. 보증보험 가입이 되어 있지 않다면 입력하지 않습니다).

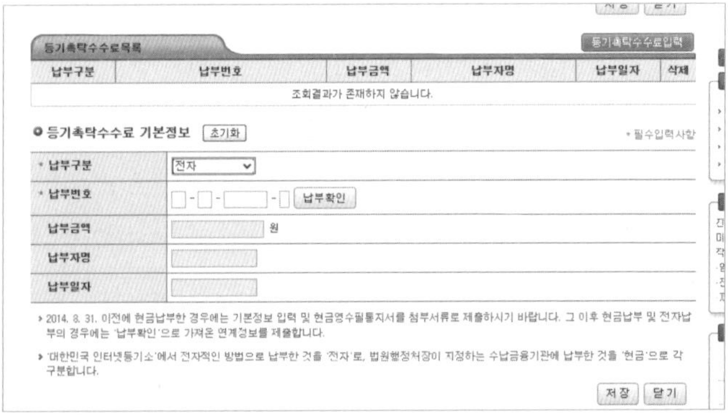

등기촉탁수수료목록 | 등기촉탁수수료입력

납부구분	납부번호	납부금액	납부자명	납부일자	삭제
조회결과가 존재하지 않습니다.					

◎ 등기촉탁수수료 기본정보 [초기화] · 필수입력사항

* 납부구분	전자
* 납부번호	□-□-□-□ [납부확인]
납부금액	원
납부자명	
납부일자	

› 2014. 8. 31. 이전에 현금납부한 경우에는 기본정보 입력 및 현금영수필통지서를 첨부서류로 제출하시기 바랍니다. 그 이후 현금납부 및 전자납부의 경우에는 '납부확인'으로 가져온 연계정보를 제출합니다.

› '대한민국 인터넷등기소'에서 전자적인 방법으로 납부한 것을 '전자'로, 법원행정처장이 지정하는 수납금융기관에 납부한 것을 '현금'으로 각 구분합니다.

[저장] [닫기]

〈등기촉탁수수료 입력 화면〉

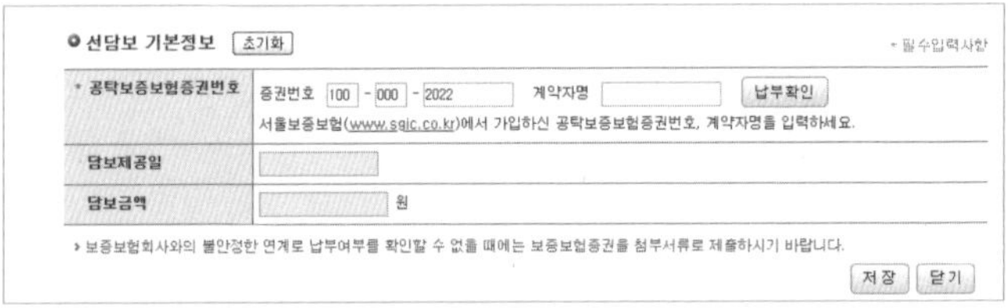

◎ 선담보 기본정보 [초기화] · 필수입력사항

* 공탁보증보험증권번호	증권번호 100 - 000 - 2022 계약자명 [납부확인] 서울보증보험(www.sgic.co.kr)에서 가입하신 공탁보증보험증권번호, 계약자명을 입력하세요.
담보제공일	
담보금액	원

› 보증보험회사와의 불안정한 연계로 납부여부를 확인할 수 없을 때에는 보증보험증권을 첨부서류로 제출하시기 바랍니다.

[저장] [닫기]

〈선담보 기본정보 입력 화면〉

신청인 입력

신청인은 임차인(본인)을 말합니다. 입력 사항은 많지만 '내정보 가져오기'를 클릭하면 가입할 때 입력한 정보가 자동으로 입력됩니다. 소송 사건 당사자를 원고, 피고로 지칭하고, 신청 사건은 신청인, 피신청인이라고 합니다.

◎ 당사자 기본정보 [초기화] * 필수입력사항

* 당사자 구분	◉ 신청인 ○ 피신청인 [내정보 가져오기]
* 인격 구분	자연인
* 선정당사자	◉ 해당없음 ○ 선정당사자 ○ 선정자 선정당사자가 신청서를 제출하는 경우에는 선정당사자와 선정자 정보를 모두 입력하시고 당사자 선정서를 '첨부서류'란에서 등록, 제출하십시오.
* 주민등록번호	[ ] - [ ] [회원정보 확인] ☑ 신청서에 표시 ※ 민사소송규칙 제76조의2, 법원 재판사무 처리규칙 제5조의2에 근거하여 수집, 이용함
* 당사자명	* 서류의 당사자표시를 변경해야 할 경우 선택하시기 바랍니다. [당사자 표시변경] ※ 당사자명란에 주민등록번호, 생년월일 등 개인정보가 입력되지 않도록 주의하여 주시기바랍니다.
* 주소	[우편번호찾기] ☐ 국내주소가 아닌 경우 체크 후 우편번호 조회 없이 직접 입력하세요. ※ 상세주소 표기 방법 : 동·호수 등 + (동명, 아파트/건물명)
* 송달장소	☑ 위 주소와 동일
송달영수인 아이디	[회원아이디 확인]
* 국적	대한민국
* 연락처	휴대전화번호 선택 - - (필수입력사항) ☑ 신청서에 표시 전화번호 선택 - - (선택사항) ☑ 신청서에 표시 팩스번호 선택 - - (선택사항) ☑ 신청서에 표시
* 이메일	☑ 신청서에 표시
보조이메일	@ 선택
등기부상주소	[우편번호찾기]
일부등기부상주소	[우편번호찾기]

[저장] [닫기]

〈당사자 정보 입력 - 신청인〉

피신청인 입력

임대인의 정보를 기재합니다. 부동산의 소유권이 바뀌거나 임대인이 이사하였을 경우 약간의 변동 사항이 있지만 대부분의 경우 부동산등기부등본, 임대차계약서를 보고 작성합니다.

● 당사자 기본정보 [초기화] * 필수입력사항

* 당사자 구분	○ 신청인 ◉ 피신청인
* 인격 구분	자연인
주민등록번호	- ☑ 신청서에 표시 ※ 민사소송규칙 제76조의2, 법원 재판사무 처리규칙 제5조의2에 근거하여 수집, 이용함
* 당사자명	※ 당사자명란에 주민등록번호, 생년월일 등 개인정보가 입력되지 않도록 주의하여 주시기바랍니다.
* 주소	[우편번호찾기] ☐ 국내주소가 아닌 경우 체크 후 우편번호 조회 없이 직접 입력하세요. ☐ 피신청인의 주소를 모르는 경우 체크하세요. ※ 상세주소 표기 방법 : 동·호수 등 + (동명, 아파트/건물명)
* 송달장소	☑ 위 주소와 동일
* 국적	대한민국
연락처	휴대전화번호 선택 - - ☑ 신청서에 표시 전화번호 선택 - - ☑ 신청서에 표시 팩스번호 선택 - - ☑ 신청서에 표시
이메일	@ 선택 ☑ 신청서에 표시
등기부상주소	[우편번호찾기]
일부등기부상주소	[우편번호찾기]

[저장] [닫기]

〈당사자 정보 입력 - 피신청인〉

신청취지 및 신청이유 작성

원하는 바와 그 이유를 쓰는 항목입니다. 소장의 청구취지와 청구이유 작성 요령과 같습니다. 다행히 상세한 작성 예시가 제공됩니다. 신청취지 작성 예시 항목을 누르면, 신청취지 예문과 계약정보를 입력할 공란이 제시됩니다. 임대차계약일자, 임차보증금액, 주민등록일자, 확정일자 등의 정보를 입력합니다. 신청이유 작성 예시에는 자주 사용되는 예시에 날짜 정보 등만 공란으로 되어 있습니다. 공란을 채워 넣고 더 기록할 내용이 있다면 적당한 공간에 추가하면 됩니다.

입력 사항은 대법원 규칙(임차권등기명령신청 규칙)에 정한 작성 사항을 전자 템플릿으로 구현하였습니다. 만약 "대법원 규칙 제○조를 보시고, 임대차계약일자부터 확정일자까지 6가지 사항을 순서대로 입력하세요"라고 했다

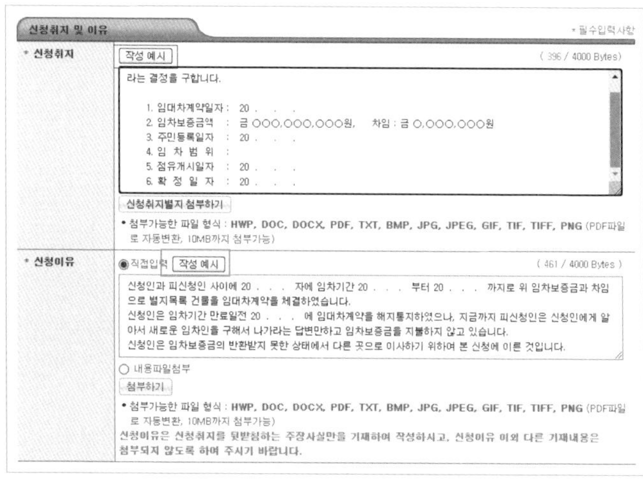

〈청구취지 및 이유 입력 화면〉

면 시선이 분산되고, 번거롭다고 느껴 작성 포기자가 속출했을 것 같습니다. 화면에 바로 입력하는 방법이 대법원 홈페이지에서 작성 예시를 워드(한글) 파일로 다운받아 작성한 후 파일을 업로드하는 것보다 더 간편합니다.

목적물 기본정보: 등기고유번호와 발급확인번호를 찾아 입력하기

필자도 여기서 잠시 길을 헤맸습니다. 등기고유번호(모든 부동산은 고유한 번호가 있습니다) 항목은 알겠는데, 그 아래에 있는 '발급확인번호'가 무엇인지 알기 어려웠습니다. 홈페이지 하단의 연락처를 보고 문의하였습니다. 은행, 통신회사 콜센터보다 대기시간의 1/10 정도로 느껴질 만큼 짧고, 응대도 꽤 친절합니다. 듣고 보니 인터넷 등기소에서 부동산등기부등본(정식 명칭은 '부동산등기사항전부증명서'입니다. 편의상 '부동산등기부' 또는 '부동산등기부등본'이라고 혼용해서 사용합니다)을 발급받은 후 알게 된 발급확인번호를 입력하라는 뜻이었습니다. 〈목적물 제출방식 안내〉 설명 화면 중 굵은 점선 안에 표시된 두 가지 숫자 정보가 등기고유번호, 발급확인번호인데, **인터넷 등기소에서 '전자제출방식'으로 발급받은 후 조회할 수 있습니다.** (점

유이전금지가처분 '부동산 목적물 입력' 참조)

임차권등기 부동산을 '특정'하는 단계입니다. 과거에는 부동산의 종류, 소재지, 전유부분 건물의 표시를 모두 수기로 기재하거나 워드로 입력했습니다. 이제는 부동산등기 정보가 전산으로 관리되므로 '등기고유번호'와 '발급번호'만 입력하면 아래 공란(그림 V체크 부분 등 입력사항)이 자동으로 모두 채워집니다(신청인 입력 항목에서 '내정보 가져오기'를 가져와 자동으로 입력하는 것과 같은 맥락입니다). 입력 방법은 '발급내역' '등기고유번호' '직접 입력'이 있는데, **두 번째 방식을 추천하고 싶습니다**('발급내역' 방식은 오류가 생기는 경우가 있고, '직접 입력'을 선택하면 모두 수기로 입력해야 합니다). 참고로 등기고유번호는 모든 부동산에 설정된 고유번호입니다. 발급받은 부동산등기부등본 첫장 우측 상단에 있습니다.

전자소송 홈페이지에서 시작하여, 중간에 인터넷 등기소 홈페이지(등기신청수수료 3,000원 납부, 부동산등기부 1,000원 발급)와 위택스 홈페이지(등록세 7,200원 납부)를 방문해야 합니다. 이번 신청은 부동산등기를 요청하기 위한 과정이 포함되었기 때문에 조금 까다롭다는 평이 있는데, 작성하는 문서의 수준이 어렵지 않으니 인내심을 가지고 하나씩 처리해 보기 바랍니다.

◎ 목적물 기본정보 [초기화]	* 필수입력사항
* 제출방식	○ 발급내역 ◉ 등기고유번호 [조회] ○ 직접입력 발급확인번호 ('-'제외)
* 부동산 종류	◉집합건물 ○건물
* [지번]대표소재지	[읍/면/동] (동/리) (번지이하) (건물명칭)
[도로명]대표소재지	(읍/면) [도로명] (건물번호) (참조주소)
건물내역	(동) (층/호)
전유부분의 건물의표시	㎡
지분 또는 소유권이외의 권리 기재	

[1동 건물 입력] [소재지번 입력] [저장] [닫기]

〈목적물 기본정보 입력 화면〉

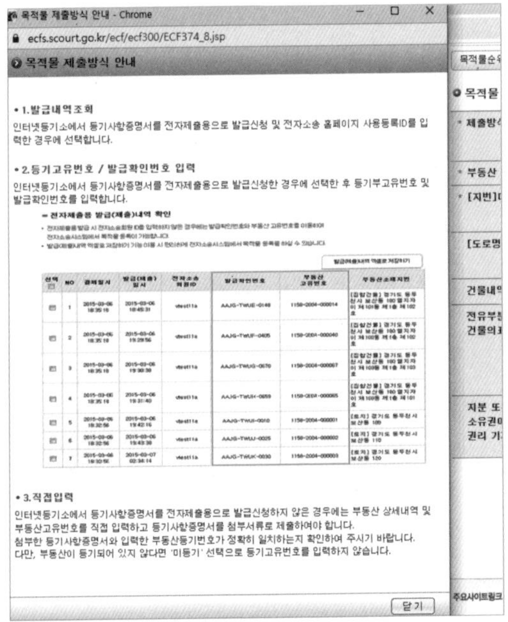

목적물 제출방식 안내 - Chrome

ecfs.scourt.go.kr/ecf/ecf300/ECF374_8.jsp

◎ 목적물 제출방식 안내

• 1.발급내역조회

인터넷등기소에서 등기사항증명서를 전자제출용으로 발급신청 및 전자소송 홈페이지 사용등록ID를 입력한 경우에 선택합니다.

• 2.등기고유번호 / 발급확인번호 입력

인터넷등기소에서 등기사항증명서를 전자제출용으로 발급신청한 경우에 선택한 후 등기부고유번호 및 발급확인번호를 입력합니다.

= 전자제출용 발급(제출)내역 확인

선택	NO	결제일시	발급(제출)일시	전자소송 회원ID	발급확인번호	부동산 고유번호	부동산소재지번
☐	1	2015-03-06 18:35:18	2015-03-06 18:45:31	vtest11a	AAJG-TWUE-0148	1158-2004-000014	[집합건물] 경기도 동두천시 보산동 180 열지자이 제101동 제1층 제102호
☐	2	2015-03-06 18:35:18	2015-03-06 19:29:56	vtest11a	AAJG-TWUF-0405	1158-2004-000040	[집합건물] 경기도 동두천시 보산동 180 열지자이 제100동 제1층 제102호
☐	3	2015-03-06 18:35:18	2015-03-06 19:30:38	vtest11a	AAJG-TWUG-0670	1158-2004-000067	[집합건물] 경기도 동두천시 보산동 180 열지자이 제103동 제1층 제103호
☐	4	2015-03-06 18:35:18	2015-03-06 19:31:40	vtest11a	AAJG-TWUH-0859	1158-2004-000085	[집합건물] 경기도 동두천시 보산동 180 열지자이 제100동 제1층 제101호
☐	5	2015-03-06 18:32:56	2015-03-06 19:42:16	vtest11a	AAJG-TWUI-0010	1158-2004-000001	[토지] 경기도 동두천시 보산동 100
☐	6	2015-03-06 18:32:56	2015-03-06 19:43:38	vtest11a	AAJG-TWUJ-0025	1158-2004-000002	[토지] 경기도 동두천시 보산동 110
☐	7	2015-03-06 19:30:56	2015-03-07 02:34:14	vtest11a	AAJG-TWUK-0030	1158-2004-000003	[토지] 경기도 동두천시 보산동 120

• 3.직접입력

인터넷등기소에서 등기사항증명서를 전자제출용으로 발급신청하지 않은 경우에는 부동산 상세내역 및 부동산고유번호를 직접 입력하고 등기사항증명서를 첨부서류로 제출하여야 합니다.
첨부한 등기사항증명서와 입력한 부동산등기번호가 정확히 일치하는지 확인하여 주시기 바랍니다.
다만, 부동산이 등기되어 있지 않다면 '미등기' 선택으로 등기고유번호를 입력하지 않습니다.

[닫기]

〈목적물 제출방식 안내〉

첨부서류는 다음과 같습니다.

- 확정일자를 받은 임대차계약서 사본 일체
- 임대차 기간이 종료되었음을 소명할 자료(내용증명, 문자, 카카오톡, 해지통보 자료, 쌍방합의서, 배당요구서 등)
- 임차인의 주민등록등본 또는 초본(해당 건물의 최초 전입일자 확인 용도)
- 건물(주택)등기부등본
- 법인등기부등본(임대인이 법인인 경우)
- 보증금 일부 환급 자료

*상가임대차의 경우 각 항목에 맞는 서류(예시: 사업자등록증)

- 기타 도면 첨부: 주택 또는 상가건물의 (1층) 일부가 임대차 목적물인 경우 반드시 도면을 첨부하여야 하며 면적을 기록해야 합니다. 설계도 수준의 정식 도면은 아니고 그 층의 구조(특히 다른 주택 또는 상가건물과의 관계)를 알아볼 수 있으면 충분합니다. 다만, 방위 표시와 꼭짓점을 이용하여 사용 공간을 특정합니다.

문서 작성 완료 후 전자서명, 비용 납부, 문서제출 단계 진행

문서 작성이 끝나면 전자서명(서류에 도장을 찍은 의미의 전자동의 절차), 비용 납부(선납이 원칙이며 인지료 2,000원) 및 송달료(1회 단가×당사자수×2회, 자동계산), 문서제출(전자방식으로 신청서 등을 법원에 발송) 단계를 순차적으로 진행하면 됩니다.

임차권등기의 효과

임차권등기가 경료되면 이사를 가더라도 대항력과 우선변제권을 유지할 수 있습니다. 반드시 임차권등기가 완료된 것을 확인한 후 이사하는 것이 중요합니다.

법원의 등기명령이 등기소에서 집행 완료되어 부동산 임차권등기가 경료되어 효력이 발생하면, 그 후에 임차한 임차인은 점유, 주민등록, 확정일자를 받더라도 우선변제권이 없습니다.

> 임차권등기명령의 집행에 따른 임차권등기가 끝난 주택(임대차의 목적이 주택 또는 상가건물의 일부분인 경우에는 해당 부분 한정)을 그 이후에 임차한 임차인은 우선변제권이 없다.
> 〈주택임대차보호법 제3조의3제6항, 상가건물임대차보호법 제6조제6항〉

동시이행의무 소멸 및 지연손해금 청구 가능

차임 지급의무를 면하고, 임대인이 보증금반환채권을 지체한 것에 대한 지연손해금채권을 갖게 됩니다. 그리고 임차인은 임차권등기명령의 신청과 그에 따른 임차권등기와 관련한 비용을 임대인에게 청구할 수 있습니다.

임대인의 임대차보증금의 반환의무가 임차인의 임차권등기 말소의무보다 먼저 이행되어야 할 의무이다. 즉, 이 두 의무는 동시이행 관계에 있는 것이 아니다(대법원 2005. 6. 9. 선고 2005다4529 판결).

임차권등기명령 신청의 특징

1. 등록면허세, 등기촉탁수수료 납부
2. 신청서에 등기 대상 부동산의 정보 기재

이유

이 임차권등기명령제도의 취지는 임차인이 임차한 부동산에 임차권을 등기하여, 임대차보증금의 대항력과 우선변제권을 보장해 주는 데 있다. 법원은 신청인(채권자, 임차인)의 신청을 인용하면, 해당 부동산 소재지 등기소에 '임차권등기'를 촉탁하게 되므로 속성을 법원에 제기하는 등기신청과 같다고 보아도 무방하다.

인터넷 등기소에서 제공하는 등기신청서 작성 프로그램(e-Form)의 특성을 잠시 살펴보자. 인터넷으로 등기신청서를 작성할 때, '부동산관리번호'를 입력하면 대상 부동산의 '부동산 현황'을 자동으로 입력하여 준다. 5~8줄이 되는 '부동산 현황 정보'를 수기 입력하는 대신 '부동산관리번호'를 입력하는 방식으로 데이터베이스에 저장된 정보를 불러와 신청서 화면에 자동으로 입력해 준다.

전자소송 홈페이지를 통한 임차권등기명령신청서를 작성할 때도 이 기능을 활용할 수 있는데 그 방법은 다음과 같다.

첫째, 부동산 고유번호와 구매번호(인터넷등기부를 유료로 발부받을 때 붙은 구매번호 입력)

둘째, 인터넷 등기소에서 전자제출용으로 발급받고, 전자소송 ID를 수신처로 기재

필자는 첫째 방식을 추천한다.

건물명도청구

임대차계약 관련 대표 소송 중 건물명도소송에 대해 알아보겠습니다. 이것은 임대인이 임차인을 상대로 제기하는 소송입니다. 임차료, 관리비를 연체하는 임차인이 있다고 가정해 보겠습니다. 임차인의 사정도 딱하고, 말미를 달라고 하지만 연체가 계속되면 보증금을 믿고 기다리는 행동이 가장 위험합니다. 보증금이 남아있을 때 건물명도 소송 등의 조치를 취해야 합니다.

악성 임차인을 임차 부동산에서 내보내기 위해 임대인은 "임차인은 임대인에게 별지 목록 기재 건물을 인도하라"는 소송을 제기하고, 승소 판결 후 강제집행해야 합니다. 임차인의 건물명도(퇴거, 점유회복 등), 즉 '행위를 요구'한다는 점에서 '금전의 지급'을 구하는 소송과는 차이가 있다고 할 수 있습니다.

부언하자면 명도소송을 통해 임차료를 내지 않는 임차인을 건물에서 내보낼 수 있다는 것입니다. 건물명도청구 소장은 '임차인이 임대료를 지급하지 않는 경우 또는 임대기간이 종료되었음에도 임차인이 목적물을 반환하지 않는 경우 명도를 청구하는 소장'입니다. '명도'가 법률 용어이자 키워드입니다. 복잡하고 어렵게 보이더라도 선입관을 갖지 않는다면 소장 작성은 어렵지 않습니다. 끝까지 가볍게 읽어 보고, 다른 세부 내용은 잊어도 좋으니 '건물명도'라는 단어만 기억해도 추후 분쟁을 적은 비용으로 해결하는 데 도움이 될 것입니다.

준비 단계

- 전자소송 홈페이지 로그인(회원가입, 공인인증서 필수)
- 소송서류, 소장, 제출자 동의 후 소장 작성 시작

소가 입력

부동산을 인도하는 소송으로 소가의 계산이 필요합니다. '소가 산정 안내' 버튼을 누른 후 좌측의 별도 팝업이 뜨면, **임차권의 만료를 원인으로 물건의 인도를 구하는 청구** 항목을 선택한 후 '선택 버튼'을 누릅니다.

소송비용 계산 - Chrome

ecfs.scourt.go.kr/ecf/ecf300/ECF304.jsp#_

소가 산정 | 인지액 계산 | 가사수수료 계산 | 송달료 계산

소의 종류를 선택하고 소가 산정의 표준액을 안내에 따라 입력하세요.　소가 산정의 표준

1 통상의 소

가.확인의 소	(1) 소유권의 가액	선택
	(2) 점유권의 가액	선택
	(3) 지상권/임차권의 가액	선택
	(4) 지역권의 가액	선택
	(5) 담보물권의 가액	선택
	(6) 전세권(채권적 전세권 포함)의 가액	선택
나.증서진부확인의 소	(1) 유가증권	선택
	(2) 증권거래소에 상장된 증권	선택
	(3) 기타 증서	선택
다.금전지급청구의소		선택
라.기간이 확정되지 아니한 정기금청구의 소	(1) 기간이 확정되지 아니한 정기금청구의 소	선택
	(2) 정기금지급판결 확정 후 변경의 소	선택
마.물건의 인도, 명도, 방해제거를 구하는 소	(1) 소유권에 기한 경우	선택
	(2) 지상권/전세권/임차권/담보물건에 기한 경우 또는 그 계약의 해지/해제/계약기간의 만료를 원인으로 하는 경우	선택
	(3) 점유권에 기한 경우	선택
	(4) 소유권의 이전을 목적으로 하는 계약에 기한 동산인도청구	선택
바.상린관계상의 청구	소유권	선택
사.공유물분할청구의 소	소유권	선택
아.경계확정의 소	소유권	선택

〈소송의 가액이 3,000만 원보다 적으면 소액사건심판이 적용, 소가는 각종 수수료의 산정 기준 및 합의사건과 단독사건을 나누는 기준〉

다시 새로운 창이 뜹니다. 모두 알 만한 내용이지만 두 가지 정보(토지개별공시지가, 건물 면적)에 유의합니다. 토지개별공시지가는 위택스에서 검색하여 입력합니다. 건물 면적은 전용면적을 말합니다. 아파트 표준면적(84.25제곱미터) 등을 부동산 등기부등본에서 해당 내용을 찾아 입력하면 됩니다. 해당 항목의 입력이 모두 끝나면 소가가 자동으로 계산됩니다.

년도	2022 년
대상	◉건 물 ○토 지 ○토 지 및 건 물 ※ 건축물이 소송의 목적물일 때, 집합건물(아파트, 빌라, 오피스텔 등)의 인도(명도)청구 등
	◉ 건축물(오피스텔 제외) ○오피스텔
건물 구조	철근콘크리트조
건물 용도	주거용 건물 / 주거시설

선택	용도번호	대상건물
○	1	-아파트
◉	2	-단독주택(노인복지주택 제외) -다중주택, 다가구주택, 연립주택, 다세대주택, 기숙사(학생복지주택 포함) 등 기타 주거용건물 -도시형 생활주택
○	3	-전업농어가주택, 광산주택

토지개별공시지가(㎡당)	1,350,000 원		
건물신축가격기준액(㎡당)	780,000 원 ※ (2022.01.01 현재 ㎡당 기준가격 780,000원) 단, 건물신축가격기준액은 매년 변동되므로 국세청에 문의하여 신축건물기준가액이 얼마인지 확인한 후 계산하세요.		
건물 면적	42 ㎡	건축 년도	2013 년
공유지분	1 / 1 ※ 공유지분을 목적물로 하는 경우에만 입력하세요. (기본값 1)		
건물특성별 가감산율	1.00 - 가·감산율 선택		
소의 종류 - 보기	2. 물건의 인도, 명도, 방해제거를 구하는 소 : 가액의 1/ 2		

- 본 계산표에서 기준이 되는 토지의 가액은 「부동산 가격공시에 관한 법률」에 의한 개별공시지가에 따릅니다(개별공시지가가 없는 경우에는 시장·군수 또는 구청장이 같은 법 제9조에 따라 국토교통부장관이 제공한 토지가격비준표를 이용하여 계산하시기 바랍니다).
- 집합건물의 소유권확인, 소유권이전(말소)등기 등을 청구할 경우에는 '토지 및 건물' 을 선택하시기 바랍니다.
- 오피스텔에 대한 시가표준액 산정기준이 신설되어 2022. 1. 1.이후 접수된 사건부터 오피스텔 건물에 대한 소가 산정방식이 변경되었으므로 참고하시기 바랍니다.

- 계산결과보기 - 초기화

〈소가 계산 예시〉

청구취지 입력

청구취지는 '임차인은 부동산을 임대인에게 인도하라'는 내용이 핵심입니다. 즉 "피고는 원고에게 별지목록 기재 건물을 인도하라"고 간단히 기록합니다. 별지목록은 각주를 달듯 뒤로 빼며, 청구취지를 간략히 쓰고 읽기 쉽게 하기 위한 스킬일 뿐 특별한 의미가 있는 것은 아닙니다. 별지목록에서 인도할 부동산을 특정합니다.

청구취지 작성 예시를 클릭하면, 메인화면에 작성 예시가 임시 입력됩니다. 예시를 그대로 사용하거나 일부 수정하여 작성합니다. 부대청구는 보증금이 공제로 소멸하였음에도 임차인이 계속하여 부동산을 사용하고 있는 경우 월차임의 지급을 구할 때 기재합니다.

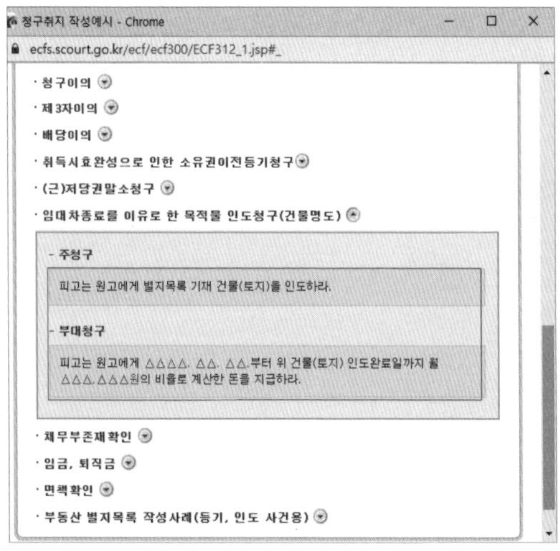

〈청구취지 작성 예시〉

별지목록 작성 - 인도할 부동산을 특정하는 단계

메인화면 아래 '청구취지별지 첨부하기'를 클릭하면 좌측의 화면이 나타납니다. 예시 중 '부동산 별지목록 작성사례'를 찾아 10~15줄 정도 되는 샘플을 클릭하면, 메인화면으로 임시 입력됩니다. 임차인(피고)이 임대인(원고)에게 인도할 부동산(청구취지의 '별지목록 기재 부동산'에 해당)의 상세 정보로, <u>부동산 등기부등본의 '부동산표시'를 보고 동일하게 입력합니다.</u>

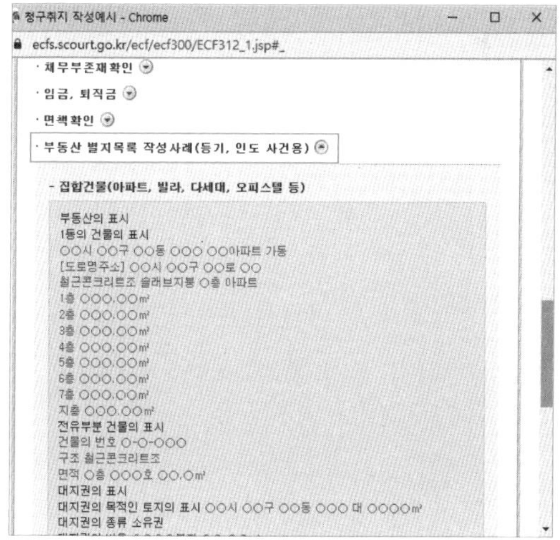

〈별지목록 작성 예시〉

청구원인 입력

임차인을 내보내야 하는 이유를 기록합니다. '요건사실'을 누르고 별도 화면에서 해당 내용을 찾아 클릭하면 메인화면에 핵심사실(뼈대)이 입력됩니다. 각 사실을 육하원칙에 따라 살을 붙여 문장을 완성합니다.

임대차계약을 체결한 사실

목적물을 인도한 사실

임대차가 종료한 사실(기간만료 또는 해지)

[부대청구] 임대목적물을 계속 사용 수익한 사실

성질상 부당이득반환청구에 해당합니다. 임대차계약 해지 후에도 임차인이 차임 지급 없이 목적물을 계속 사용하고 있다면 기재합니다. 특히 임대인이 기존 연체 차임에 대해 이미 보증금 공제를 한 경우라면 공제일 이후 사용분에 대해 월차임 상당의 부당이득 청구가 가능합니다. 재판 중 보증금 공제를 하고자 하는 경우 소장 또는 준비서면을 제출하는 방법으로 의사표시를 하기도 합니다. 명도청구소송에 부대청구가 추가된다면 보증금 공제의 순서 및 효과, 지연 이자 계산 등 난이도가 상승합니다.

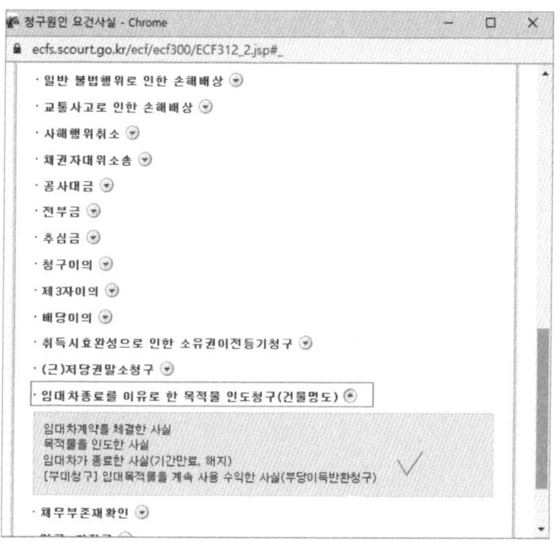

〈청구원인 작성 방법〉

이후 절차

이것으로 소장 작성이 완료되었습니다. 첨부서류 업로드, 인지대, 송달료 납부 등 비용 납부, 전자서명, 제출 절차가 진행됩니다.

건물명도청구소송 시 주의사항

임대차계약이 종료되어야 합니다. 만기 종료나 중도해지가 가능하고, 계약을 종료시킬 사유가 있으며, 임차인이 이를 거부할 권리가 없어야 합니다. 차임 연체가 3기에 이르는 등 사유를 들어 '계약해지 통보' 또는 '계약해지 알림'을 전하는 방법은 내용증명이 아니어도 됩니다. 문자, 이메일, 전화 등의 방법도 가능합니다. 임차인에게 계약갱신청구권이 있어서 행사하게 된다면, 임대차계약 종료를 전제로 하는 본 건 청구는 받아들여지기 어렵습니다.

상가 임대차의 경우 권리금을 신경 써야 합니다. 상가 임차인이 권리금을 주장할 수 있는 상황임에도 불구하고 임대인이 일방적으로 계약종료 선언을 하면 임차인으로부터 권리금반환청구소송(성실상 손해배상청구)을 당할 수 있기 때문입니다. 임차인의 계약갱신청구권이 인정되지 않을 때도 권리금은 보호되므로 특히 유의해야 합니다. 하지만 임차인의 임차료, 관리비 장기 미납을 이유로 상가 임차계약을 해지하고 본 건 청구를 하는 경우 임차인의 권리금은 보호되지 않습니다.

이 경우 점유이전금지가처분 신청을 함께 진행합니다. 부동산 소송 중 임차인이 제3자에게 건물을 이전하면 다시 제3자를 상대로 건물명도소송을 제기해야 합니다. 판결의 효력은 당사자에게만 있기 때문에 점유이전금지가처분으로 이전을 막아 두어야 합니다. 임차인의 미납분이 3기에 달하면 즉시 소송을 제기해야 합니다. 임차료, 관리비를 담보할 임차보증금을 믿고 지체한다면 임대인은 큰 손실을 볼 수 있습니다.

소송 또한 예상보다 길어질 수 있고, 돌려받을 보증금이 조금이라도 남아 있어야 임차인이 스스로 이사할 동기를 유지할 수 있습니다. 임차료를 내지 못하는 임차인이 될 대로 되라는 식으로 포기해버리면 소송도 길어지고, 보증금 공제 후 차임도 받지 못할 확률이 높습니다. 차임을 못 낼 정도라면 강제집행할 다른 재산도 없는 경우가 많습니다. 임차보증금 잔액이 남았다고 방심하여 타이밍을 놓치면 손해가 커질 수 있으니 주의하기를 바랍니다.

건물명도청구소송에 승소하면 법원은 '임차인은 임대인에게 부동산을 인도하라'는 승소 판결을 합니다. 이겼다고 하여, 임대인이 직접 부동산의 잠긴 문을 여는 등 직접적인 실력 행사를 해서는 안 됩니다. 임차인에게 의무를 부과한 것이지 임대인이 스스로 이를 집행할 권리를 준 것이 아닙니다. 건물명도소송 판결문을 기초로 강제집행을 해야 합니다.

점유이전금지가처분

현 임차인을 상대로 점유이전하지 못하도록 하는 보전처분입니다. 임차인이 주택의 점유를 제3자에게 넘기거나 제3자가 공동점유를 하는 등 강제집행 방해 행위를 사전에 막는 데 그 목적이 있습니다.

가압류, 가처분 신청 사건에서는 피신청인(점유이전금지가처분신청 사건에서는 임차인)이 예상치 못한 손해를 입게 될 것에 대비하기 위해 신청인(임대인)에게 담보제공을 명령합니다(근거: 민사집행법 제280조, 제301조). 가압류 등 보전처분은 추후 본안소송, 본안소송 후 강제집행의 실효성을 확보하기 위해 피신청인의 재산동결 등 처분권을 제한하므로 추후 피신청인이 손해를 입었을 때를 대비한 조치라 할 수 있습니다. 법원은 현금 공탁, 지급보증위탁계약서 제출 중 선택하거나 적정한 비율로 양자를 함께 명령할 수 있습니다. 지급보증위탁계약서는 보증보험회사와 지급보증위탁계약을 맺은 문서로 전자방식으로 제출이 가능합니다.

신청서 작성 시에는 '담보의 제공' 항목에서 '이 사건 점유이전금지가처분명령의 손해담보에 대한 담보 제공은 민사집행법 제19조 제3항, 민사소송법 제122조에 의하여 보증보험주식회사와 지급보증위탁계약을 맺은 문서를 제출하는 방법으로 담보 제공을 할 수 있도록 허가하여 주시기 바랍니다'라고 기재합니다.

준비 단계 (1)

로그인 등 → 신청 사건 유형 선택 → 사건정보 중 사건명 검색 후 입력 → 당사자 입력 등의 절차를 진행합니다.

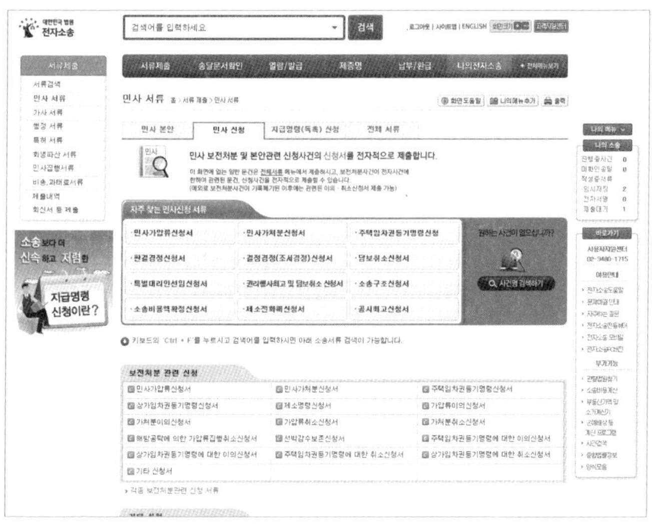

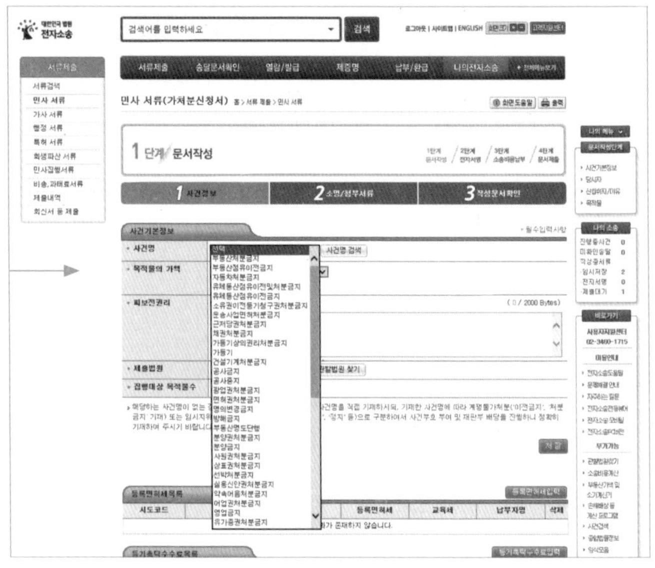

〈신청 사건 유형 선택 및 사건명 입력〉

신청취지 및 신청이유 입력

신청취지는 작성 예시가 자동 입력되나, 신청이유는 작성 예시 샘플이 없으므로 임대계약이 체결된 사실, 임차인의 차임 미지급 등을 이유로 계약이 해지된 사실(해지를 사실 통보 사실), 임차인이 명도에 불응하고 있다는 사실, 임차인을 상대로 명도소송을 제기할 예정이라는 사실 등 각 사실을 육하원칙에 따라 간략히 기재합니다. 단 신청이유는 신청취지를 뒷받침하는 주장 사실만을 기재하여 작성하고, 신청이유 이외 다른 기재 내용은 첨부하지 않도록 합니다. 신청이유는 화면에 바로 입력해도 되고, 워드나 한글로 작성하고 파일을 첨부하여도 됩니다. 첨부파일은 PDF 형식으로 자동전환됩니다(내용 파일 첨부 항목). 보증보험회사와 체결한 보험증권을 제출할 수 있도록 허용하여 달라는 표시와 신청이유를 빠짐없이 기재하여야 현금공탁 금액을 줄일 수 있습니다.

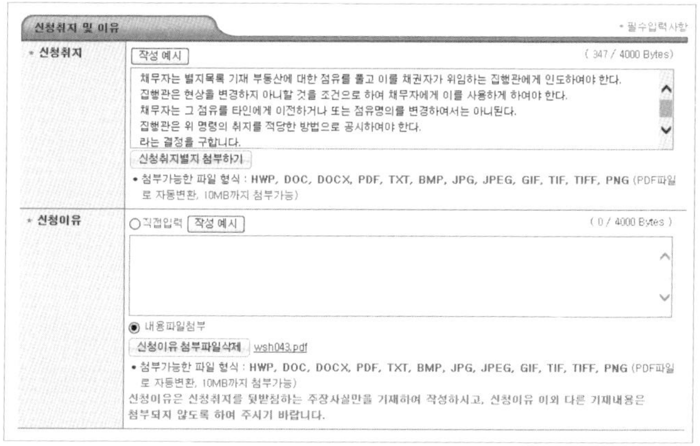

〈신청취지 및 신청이유 작성〉

부동산 목적물 입력 – 점유이전금지를 구할 부동산을 특정하는 단계

이 부분의 입력을 위해서는 인터넷등기소(www.iros.go.kr)에서 부동산등기사항전부증명서를 전자제출 방식으로 발급받아야 합니다. 반드시 종이 방식이 아닌 전자제출 방식('집행 등 전자제출용 발급' 항목)으로 발급받아야 한다는 점을 기억하기 바랍니다. 발급이 완료되면 발급내역을 조회하여 **발급번호(12자리) 및 부동산고유번호**을 찾습니다. 다시 전자소송 부동산 목적물 화면으로 돌아와 발급번호와 부동산고유번호 입력 후 저장 버튼을 누릅니다. 작성해야 할 신청서 해당 항목이 자동으로 입력되고, 부동산등기사항전부증명서가 업로드됩니다(필수 첨부서류 해당).

〈인터넷등기소 전자제출 발급 화면〉

〈전자제출용 발급내역 확인: 발급확인번호, 부동산고유번호 조회〉

〈목적물 기본정보 입력 화면: 발급확인번호, 부동산고유번호 입력〉

소명/첨부서류 입력

소명서류는 신청취지를 소명하는 자료로 임대차계약서 등을 말합니다. 첨부서류는 그 외 기타 서류를 말하는데 부동산등기사항전부증명서 외 4건을 첨부하도록 안내하고 있습니다. 위 서류 중 부동산등기사항증명서(=부동산등기부등본)는 전자제출을 위해 업로드되었습니다. 나머

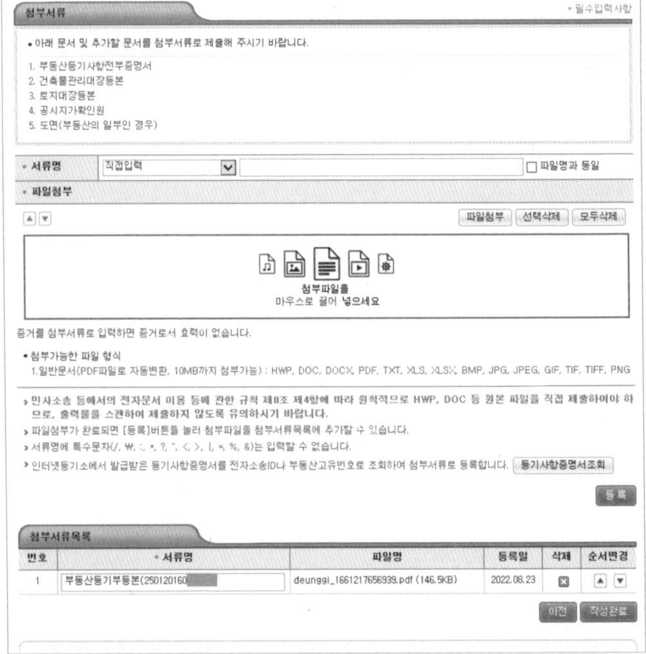

첨부서류 * 필수입력사항

• 아래 문서 및 추가할 문서를 첨부서류로 제출해 주시기 바랍니다.

1. 부동산등기사항전부증명서
2. 건축물관리대장등본
3. 토지대장등본
4. 공시지가확인원
5. 도면(부동산의 일부인 경우)

* 서류명 직접입력 ☐ 파일명과 동일

* 파일첨부

파일첨부 선택삭제 모두삭제

첨부파일을
마우스로 끌어 넣으세요

증거를 첨부서류로 입력하면 증거로서 효력이 없습니다.

• 첨부가능한 파일 형식
1.일반문서(PDF파일로 자동변환, 10MB까지 첨부가능) : HWP, DOC, DOCX, PDF, TXT, XLS, XLSX, BMP, JPG, JPEG, GIF, TIF, TIFF, PNG

› 민사소송 등에서의 전자문서 이용 등에 관한 규칙 제8조 제4항에 따라 원칙적으로 HWP, DOC 등 원본 파일을 직접 제출하여야 하므로, 출력물을 스캔하여 제출하지 않도록 유의하시기 바랍니다.
› 파일첨부가 완료되면 [등록]버튼을 눌러 첨부파일을 첨부서류목록에 추가할 수 있습니다.
› 서류명에 특수문자(/, ₩, :, *, ?, ", <, >, |, ≒, %, &)는 입력할 수 없습니다.
› 인터넷등기소에서 발급받은 등기사항증명서를 전자소송ID나 부동산고유번호로 조회하여 첨부서류로 등록합니다. 등기사항증명서조회

등록

첨부서류목록

번호	* 서류명	파일명	등록일	삭제	순서변경
1	부동산등기부등본(250120160	deunggi_1661217656939.pdf (146.5KB)	2022.08.23	☒	▲ ▼

이전 작성완료

〈소명/첨부서류 화면: 부동산등기부등본이 이미 업로드되어 있음〉

지 건축물관리대장등본 등은 민원24에서 출력 후 스캔 파일로 업로드(또는 파일 발급 후 파일 업로드)합니다. 작성완료 버튼을 누르면 작성이 완료됩니다.

사용자지원센터(02-3480-1715)에 '민원24시에서 발급하는 토지대장 등의 전자제출이 가능한지' 문의하였으나 부정적인 회신을 받았습니다. 대법원등기소와 전자소송 홈페이지의 관리 주체가 법원으로 동일하지만 민원24는 행정부가 관리합니다.

이후 절차 (1)

작성문서 확인(작성한 신청서가 PDF로 전환되며, 출력이 가능), 전자서명, 소송비용 납부, 문서제출 단계가 진행됩니다.

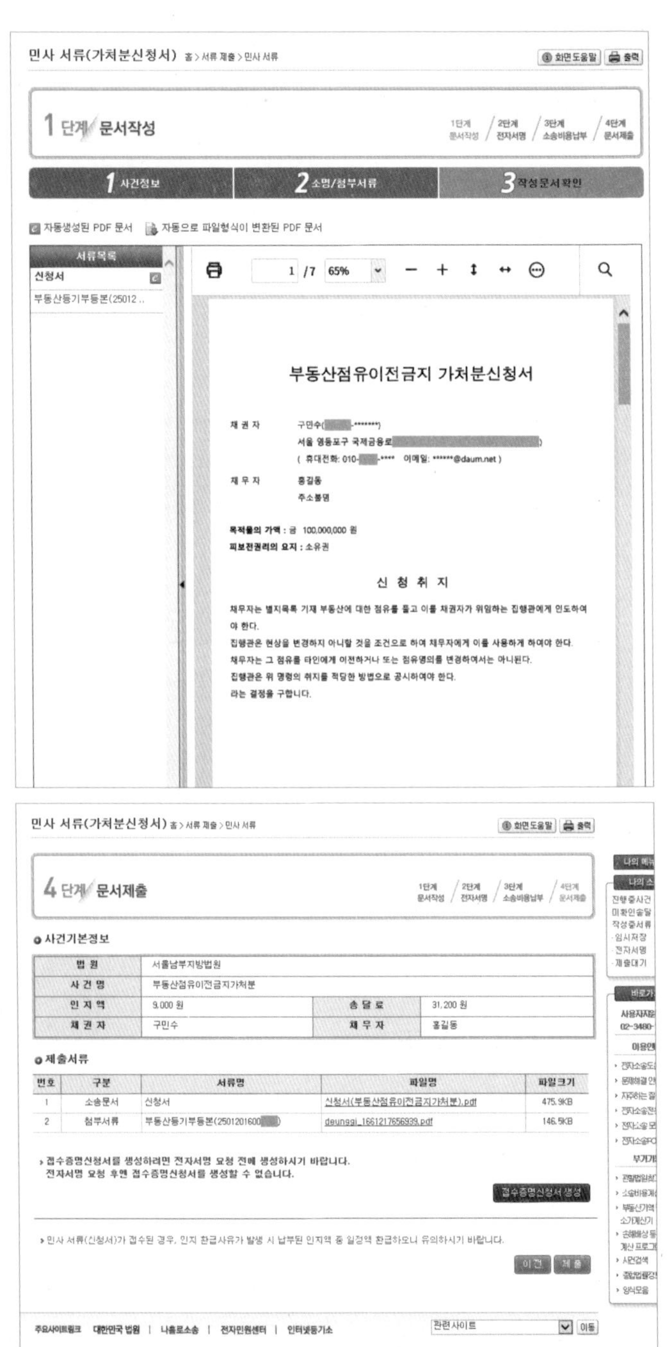

〈작성문서 확인 및 문서제출 화면〉

점유이전금지가처분 결정 및 집행

보완 및 담보 공탁 절차가 끝나면 결정문을 발급하여 줍니다. 결정문의 집행은 집행관 사무실을 통해 진행됩니다. 강제집행 신청을 하고 수수료(수수료, 여비, 송달료 등)를 입금하면 집행관 사무실에서 연락이 옵니다. 날짜를 협의하고, 증인을 대하며, 열쇠 기사를 섭외하는 등 강제집행에 필요한 사항을 안내해줍니다. 그리고 당일에는 문을 열고 들어가 점유자가 해당 부동산을 점유하고 있는지 확인 후 벽 등에 고시(목적부동산의 점유를 이전하지 말라는 취지)를 붙이게 됩니다. 다음은 건물 명도소송 판결문을 받아 강제집행을 실시해야 합니다.

채권가압류

임대차 분쟁에서는 채권가압류(보전처분 종류 중 하나)의 실익이 낮지만 소송 상대방의 재산을 동결하여 상대방에 대한 압박을 가함과 동시에 승소 판결의 실효성을 높이기 위해 보전처분(가압류, 가처분 등)이 많이 활용됩니다. 그중 채권가압류를 중점적으로 소개합니다.

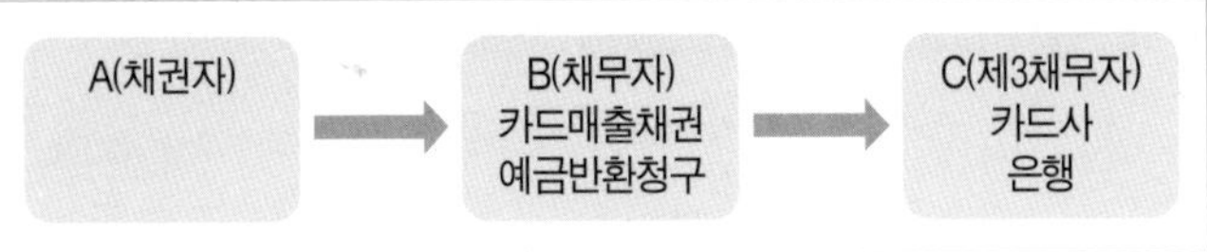

〈채권가압류의 기본 구조〉

A는 B에 대해 금전을 청구할 권리('피보전권리' 또는 '피보전채권'이라고 함)가 있습니다. B(채무자)도 C에게 채권을 가지고 있습니다. C를 은행이라고 가정하면, B는 예금채권자가 됩니다. 예를 들어 A(임차인)가 B(임대인, 예금채권자)에게 보증금을 돌려 받기 위해 B의 예금반환채권을 가압류하면 B는 예금을 인출할 수 없습니다. C가 B의 예금반환청구를 채권가압류를 이유로 예금 인출 요청을 거절하여야 하기 때문입니다.

채권가압류신청서 작성(실습)

A의 입장에서 임대인 및 은행을 상대로 채권가압류신청서를 작성해 보겠습니다. 로그인 후 민사가압류신청서 항목을 클릭하면 초기 본안소송 정보 입력창이 뜹니다. 가압류신청과 관련된 본안소송이 있으면 사건번호를 입력하고 없다면 '본안사건 없음'을 체크하고 다음 단계로 넘어갑니다.

〈초기 본안소송 정보 입력〉

전자소송 동의 후 사건 기본정보를 입력하는 단계입니다. 사건명(채권), 청구금액, 피보전권리, 제출법원, 피보전권리 등의 정보를 입력하고 저장합니다. 예시 화면은 전세보증금을 받기 위해 채무자(임대인)의 예금채권을 가압류하는 상황입니다.

〈사건 기본정보〉

신청취지 및 신청이유를 작성하는 화면입니다. 각 항목의 작성 예시를 참조하되, 신청취지는 정형적인 문구를 사용하고, 가압류 대상 채권이 많거나 설명이 긴 경우 '별지'로 빼는 형식으로 작성합니다('신청취지 별지 첨부하기'). 신청이유는 상대적으로 자유롭게 작성할 수 있습니다. 다만 작성 예시가 제공되지 않는 유형이 있으니 주의하기 바랍니다. 이번에는 신청이유를 '덧붙임' 방식, 즉 별도로 작성하여 파일을 첨부('내용 파일첨부')하는 방법으로 작성해 보았습니다. 신청취지 및 신청이유에 '담보제공에 대해서는 보증보험증권회사와 지급보증위탁계약을 체결한 문서로 제출하고자 하오니 허가하여 주시기 바랍니다'라는 문구와 그 취지를 꼭 기재하여야 합니다.

신청취지 및 이유 • 필수입력사항

• 신청취지
작성 예시 (145 / 4000 Bytes)
채무자의 제3채무자에 대한 별지 목록 기재의 채권을 가압류한다. 제 3채무자는 채무자에게 위 채권에 관한 지급을 하여서는 아니 된다는 결정을 구합니다.
신청취지별지 첨부하기
• 첨부가능한 파일 형식 : HWP, DOC, DOCX, PDF, TXT, BMP, JPG, JPEG, GIF, TIF, TIFF, PNG (PDF파일로 자동변환, 10MB까지 첨부가능)

• 신청이유
◉직접입력 작성 예시 (168 / 4000 Bytes)
1. 신청이유는 〈덧붙임〉의 내용과 같습니다.
2. 담보제공에 대하여는 보증보험증권회사와 지급보증위탁계약을 체결한 문서로 제출하고자 하오니 허가하여 주시기 바랍니다.
○ 내용파일첨부
첨부하기
• 첨부가능한 파일 형식 : HWP, DOC, DOCX, PDF, TXT, BMP, JPG, JPEG, GIF, TIF, TIFF, PNG (PDF파일로 자동변환, 10MB까지 첨부가능)
신청이유은 신청취지를 뒷받침하는 주장사실만을 기재하여 작성하시고, 신청이유 이외 다른 기재내용은 첨부되지 않도록 하여 주시기 바랍니다.

〈신청취지 및 이유〉

당사자 기본정보 입력 화면입니다. 당사자는 채권자, 채무자, 제3채무자가 존재합니다. 채권자, 채무자, 제3채무자 항목을 순차로 입력, 저장합니다. 각 당사자는 1인 또는 그 이상일 수 있습니다. 채권가압류 중 금융회사를 상대로 하는 예금채권, 유가증권 반환청구권 등이 가압류 대상이 되는 경우 제3채무자가 다수인 경우가 많습니다. 이때는 제3채무자 정보를 1건씩 순차 입력하고 저장하는 방법을 반복하면 됩니다.

채권자 정보는 '내정보 가져오기' 클릭으로 자동 입력

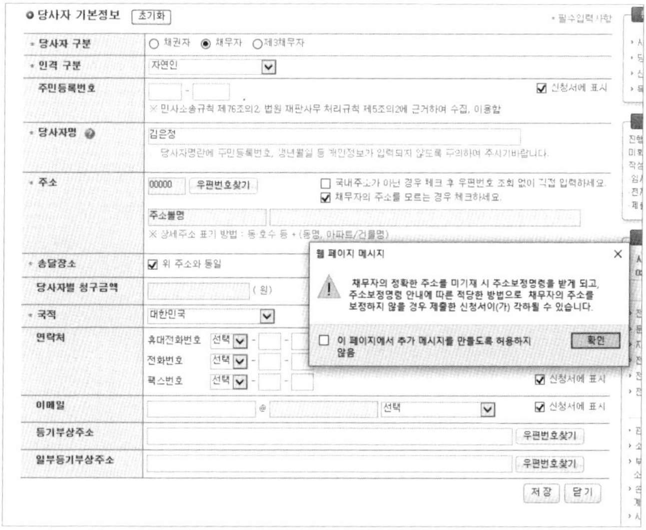

〈당사자 입력: 채권자, 채무자, 제3채무자〉

합니다. 채무자의 주소지를 모르는 경우라도 주소불명으로 신청서 제출이 가능합니다(채무자의 정확한 주소 미기재 시 주소보정명령을 받게 되고, 주소보정명령 안내에 따른 정당한 방법으로 채무자의 주소를 보정하지 않을 경우 제출한 신청서가 각하될 수 있음은 이미 설명하였습니다). 제3채무자는 본점 소재지를 적습니다.

가압류 대상이 되는 목적물기본정보(채권)를 입력하는 화면입니다. 금융회사가 제3채무자인 예금, 보험금, 유가증권, 전자등록주식 반환청구권(채권) 등이 가압류 대상이 됩니다. 작성 예시에 자주 사용하는 유형을 안내하고 있습니다. 제3채무자가 2인 이상인 경우에는 당사자 정보가 입력된 각 채무자별로 청구금액을 특정합니다. 제3채무자에 대한 청구금액 합산액이 피보전채권 금액을 초과하는

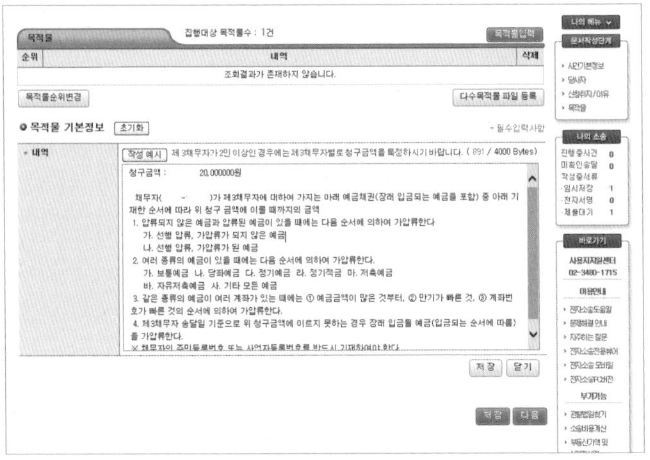

〈목적물 기본정보〉

과잉 압류는 허용되지 않습니다. 실무에서는 보통 피보전금액(전세금 2,000만 원)을 제3채무자의 수로 안분(금융회사 1, 2 각 1,000만 원)합니다.

다음은 소명서류와 첨부서류를 첨부합니다. 소명서류는 소송사건에서의 입증서류에 대응하는 서류입니다. 가압류신청 사건은 '가압류신청 진술서'와 '진술최고신청서(제3채무자에 대한)'를 작성하여 제출하여야 하는데, 여기 화면에서 작성 템플릿을 제공하고 있습니다. 파일을 다운

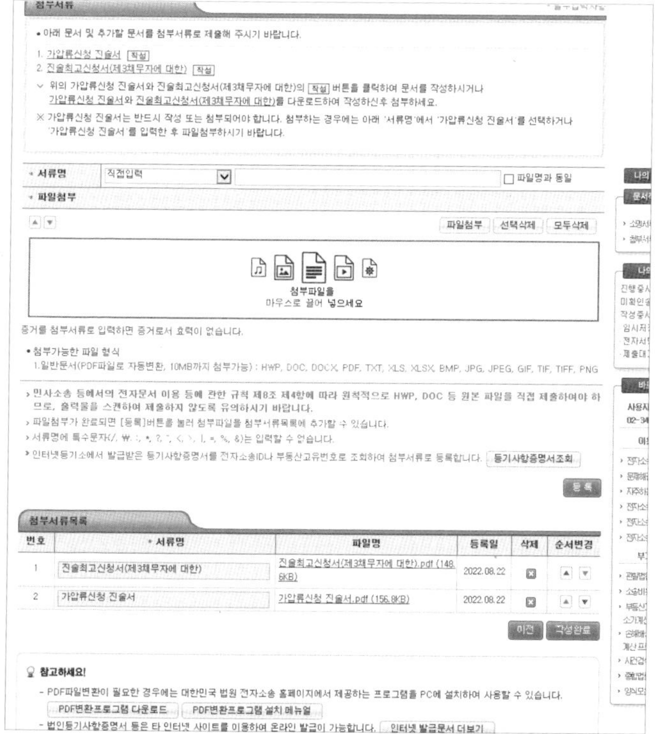

〈소명서류/첨부서류〉

로드 받아 작성 후 첨부하는 방법과 전자소송 홈페이지 내에서 작성하여 제출하는 방법('작성' 버튼을 누르면 생성되는 화면에서 내용 작성 후 제출)이 있습니다.

가압류신청 진술서의 주어진 질문 항목을 순서대로 작성하되, 현금공탁 대신 지급보증위탁계약체결증서 제출 결정을 받기 위해서 조금 더 신경 쓸 필요가 있습니다.

신청진술서 답변항목

답변항목

1. 피보전권리(청구채권)와 관련하여

가. 채무자가 신청서에 기재한 청구채권을 인정하고 있습니까?

◉예

○아니오(채무자 주장의 요지) :

○기타 :

나. 채무자의 의사를 언제,어떠한 방법으로 확인하였습니까? (소명자료 첨부)

(0 / 2000 Bytes)

다. 채권자가 신청서에 기재한 청구금액은 본안소송에서 승소할 수 있는 금액으로 적정하게 산출된 것입니까? (과도한 가압류로 인해 채무자가 손해를 입으면 배상하여야 함)

◉예 ○아니오

2. 보전의 필요성과 관련하여

가. 채권자가 채무자의 재산에 대하여 가압류하지 않으면 향후 강제집행이 불가능하거나 매우 곤란해질 사유의 내용은 무엇입니까?

(0 / 2000 Bytes)

나. 채권자는 신청서에 기재한 청구채권과 관련하여 공정증서 또는 제소전화해조서가 있습니까?

(0 / 2000 Bytes)

다. 채권자는 신청서에 기재한 청구채권과 관련하여 취득한 담보가 있습니까?있다면 이 사건 가압류를 신청한 이유는 무엇입니까?

(0 / 2000 Bytes)

라. [채무자가 (연대)보증인인 경우] 채권자는 주채무자에 대하여 어떠한 보전조치를 취하였습니까?

(0 / 2000 Bytes)

마. [다수의 부동산에 대한 가압류신청인 경우] 각 부동산의 가액은 얼마입니까? (소명자료 첨부)

(0 / 2000 Bytes)

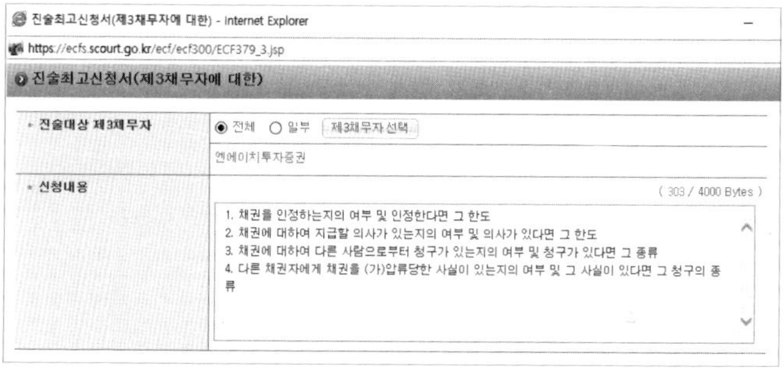

가압류신청 진술서 - Internet Explorer

https://ecfs.scourt.go.kr/ecf/ecf300/ECF379_2.jsp

◉이미 부동산상의 선순위 담보 등이 부동산가액을 초과함(부동산등기부등본 및 가액소명자료 첨부)

○기타사유(내용) :

아. [유체동산가압류 신청인 경우]

① 가압류할 유체동산의 품목, 가액은?

(0 / 2000 Bytes)

② 채무자의 다른 재산에 대하여 어떠한 보전조치를 취하였습니까? 그 결과는?

(0 / 2000 Bytes)

3. 본안소송과 관련하여

가. 채권자는 신청서에 기재한 청구채권과 관련하여 채무자를 상대로 본안소송을 제기한 사실이 있습니까?

◉예 ○아니오

나. ["예"라고 대답한 경우]

① 본안소송을 제기한 법원 사건번호 사건명은?

(0 / 2000 Bytes)

② 현재 진행상황 또는 소송결과는?

(0 / 2000 Bytes)

다. ["아니오"로 대답한 경우] 채권자는 본안소송을 제기할 예정입니까?

○예(본안소송 제기 예정일) :

○아니오(사유) :

4. 중복가압류와 관련하여

가. 채권자는 신청서에 기재한 청구채권(금액 불문)을 원인으로, 이 신청 외에 채무자를 상대로 하여 가압류를 신청한 사실이 있습니까?(과거 및 현재 포함)

◉예 ○아니오

나. ["예"라고 대답한 경우]

① 가압류를 신청한 법원 사건번호 사건명은?

(0 / 2000 Bytes)

진술최고신청서(제3채무자에 대한) - Internet Explorer

https://ecfs.scourt.go.kr/ecf/ecf300/ECF379_3.jsp

진술최고신청서(제3채무자에 대한)

진술대상 제3채무자	◉ 전체 ○ 일부 제3채무자 선택 엔에이치투자증권
신청내용	(303 / 4000 Bytes) 1. 채권을 인정하는지의 여부 및 인정한다면 그 한도 2. 채권에 대하여 지급할 의사가 있는지의 여부 및 의사가 있다면 그 한도 3. 채권에 대하여 다른 사람으로부터 청구가 있는지의 여부 및 청구가 있다면 그 종류 4. 다른 채권자에게 채권을 (가)압류당한 사실이 있는지의 여부 및 그 사실이 있다면 그 청구의 종류

〈가압류신청 진술서와 진술최고신청서〉

지금까지 작성을 완료한 신청서는 PDF 파일로 전환되어 최종 작성문서 확인 단계를 거칩니다. 전자서명(날인)을 하면 소송비용 납부 화면으로 전환됩니다. 인지액, 송달료, 법원보관금은 자동으로 계산되며, 납부하면 최종 제출 단계로 이전됩니다.

납부인을 입력하시기 바랍니다.
› 정액 인지비용은 금액를 수정할 수 없습니다.

☑ 송달료 납부 ☐ 인지환급계좌와 동일함

* 금액		46,800 원 (사만육천팔백 원)
납 부 당사자	* 성명	납부당사자선택
	* 주소	
환급계좌		은행선택 계좌번호 예금주 계좌확인

☑ 법원보관금 납부

› ① 제3채무자가 금융실명거래 및 비밀보장에 관한 법률 제2조의 금융기관인 경우 진술최고 신청 시 동법 제4조의2 제4항에 따른 명의인(채무자)에 대한 통보비용를 납부하여야 합니다.
› ② 진술최고 신청인이 압류명령시까지 통보비용를 납부하지 않는 경우에는 그 신청은 각하됩니다.
› ③ 통보비용 합계액(법원보관금)=명의인(채무자) 수 x 금융기관 수 x 2,000 원

* 금액		2,000 원 (이천 원)
보관금종류		진술최고비용
납부인	* 성명	납부인선택
	* 주민(사업자)등록번호	
	* 주소	
	* 전화번호	선택 - -
* 환급계좌		은행선택 계좌번호 계좌확인 (예금주는 납부인과 동일하여야 함)

› 법원보관금은 가상계좌 납부방식을 선택한 경우에만 납부 할 수 있습니다.

03. 결제정보

납부방식	가상계좌
* 가상계좌 납부은행	대구은행
가상계좌 번호	납부버튼을 누르고 소송서류제출를 완료하면 접수 결과화면에서 확인 가능합니다.

› 가상계좌 납부는 전자결제 수수료가 부과되지 않습니다.

(인지액) 9,000원 + (송달료) 46,800원 + (법원보관금) 2,000원 = (총 납부금액) 57,800원

납부

이전 다음

〈소송비용 납부 화면〉

민사 서류(가압류신청서) 홈 > 서류 제출 > 민사 서류

화면도움말 출력

4단계 문서제출

1단계 문서작성 / 2단계 전자서명 / 3단계 소송비용납부 / 4단계 문서제출

사건기본정보

법 원	서울남부지방법원		
사 건 명	채권가압류		
인 지 액	9,000 원	송 달 료	46,800 원
채 권 자	구민수	채 무 자	

제출서류

번호	구분	서류명	파일명	파일크기
1	소송문서	신청서	신청서(채권가압류).pdf	195.8KB
2	첨부서류	진술최고신청서(제3채무자에 대한)	진술최고신청서(제3채무자에 대한).pdf	148.6KB
3	첨부서류	가압류신청 진술서	가압류신청 진술서.pdf	156.8KB
4	접수증명(pdf)	접수증명 신청서	접수증명신청서.pdf	65.5KB

접수증명원 신청 1 통 접수증명신청서 삭제

민사 서류(신청서)가 접수된 경우, 인지 환급사유가 발생 시 납부된 인지액 중 일정액 환급하오니 유의하시기 바랍니다.

이전 제출

〈문서제출 화면〉

가압류의 일반 설명 및 유의 사항

가압류는 금전채권이나 금전으로 환산할 수 있는 채권에 대하여 장래 그 집행을 보전하려는 목적으로 미리 채무자의 재산을 압류함으로써 처분하지 못하도록 하는 제도입니다. 보전처분으로 이후 강제집행을 사전에 준비하고 채무자를 압박하는 효과가 있습니다. 채무자의 수입원, 보유재산의 처분, 수령 등을 금지하기 때문입니다. 채무자가 법인인 경우 거래처로부터 수령할 채권, 카드회사 매출금 수령 채권, 통장(은행에 대한 예금반환청구권)이 그 대상입니다. 채무자가 개인인 경우 통장, 주식, 임금채권이 대상이 됩니다.

다만 과잉 가압류는 허용되지 않아 채권자로부터 받을 금액이 1,000만 원이고 은행 두 곳의 통장을 가압류한다고 가정할 경우, 각 은행별 가압류 금액의 합계액이 1,000만 원을 초과하지 않도록 금액을 배분해야 합니다(A 은행 500만 원, B 은행 500만 원).

한편 실무적으로 가압류한 통장에 재산이 없으면 가압류의 효과가 없으며, 채무자가 재산을 다른 곳에 은닉을 시도할 수 있기 때문에 주의해야 합니다. 가압류의 효과를 달성하려면 은밀, 신속, 정확한 타격이 요구됩니다. 물론 첫 시도가 실패하여 채무자가 재산을 은닉하면 강제집행 면탈로 고소하거나 사해행위 취소의 방법이 있습니다. 그러나 가압류로 조속한 법률 분쟁 종결을 의도했던 당초의 목표 달성은 어려워질 수 있습니다.

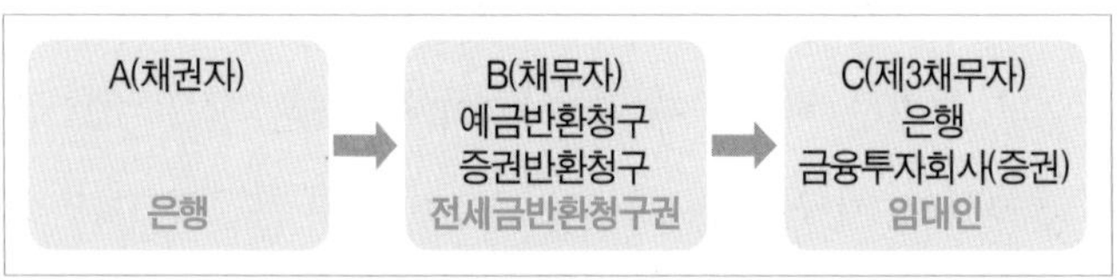

〈가압류의 기본 구조는 전세금반환청구권 질권설정 구조와 동일〉

그러므로 가압류 대상 재산을 찾을 때, 특히 은행 통장(예금)을 대상으로 하려면 실질적으로 사용하는 은행 계좌를 찾아야 하며, 채무자가 사업자인 경우 사업용도 계좌, 임대인인 경우 임대료 수금 계좌 개설 은행을 찾을 것을 조언합니다.

시중은행 외 채무자 영업점 주변의 제3금융권도 함께 고려할 필요가 있고, 최근 젊은 층이 선호하는 인터넷 전문 은행 본점을 대상으로 하는 가압류가 증가하고 있습니다. 신용카드 사용 증가로 채무자가 영업점을 운영하는 경우 카드회사를 상대로 지급받을 카드 매출채권에 대한 가압류도 효과적이라고 합니다. 카드 매출 발생일 기준 3~5일 뒤에 현금 결제가 이루어지는 것으로 알려져 있습니다. 채무자가 근로자라면 회사에 대한 급여채권(최저 생계비는 제외)을 대상으로 하는 방안도 있습니다.

채권가압류 추가 설명: 대상 채권 등

채권가압류 신청 사건에서 가압류의 대상이 되는 채무자의 채권은 채무자가 경제적 이해관계를 맺은 '제3채무자'로부터 지급받을 수 있는 예금반환청구권, 매출채권 지급청구권, 예수금(및 주식 등 증권, 증권매매대금 포함) 반환청구권, 보험금지급청구권이 대상이 될 수 있습니다. 채무자의 제3채무자에 대한 채권(제3채무자의 채무자에 대한 채무)은 압류할 수 있어야 합니다(예를 들어 법령에서 정한 압류 대상 금지 채권은 가압류를 하지 못함).

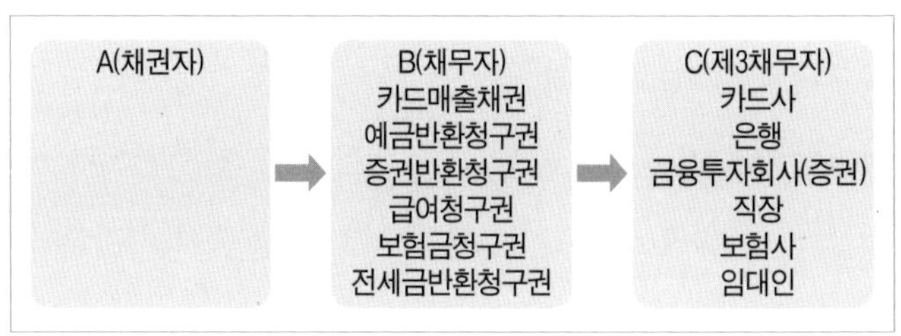

〈채권가압류 구조〉

위의 채권가압류 구조는 채권 강제집행(채권압류, 추심명령 등)신청서를 작성할 때에도 동일하게 적용됩니다. A, B, C가 등장하는 구조는 여러 곳에서 사용됩니다. 다음은 가압류신청 사건에 새로 나오는 법률용어입니다.

- 청구채권의 표시: 채권자가 채무자에게 받아야 할 채권의 금액
- 피보전권리(채권): 채권자의 청구채권의 종류(대여금, 물품 대금, 공사 대금 등)
- 가압류할 채권의 표시: B가 C에 대해서 갖는 채권

제3채무자는 실존하여 특정할 수 있어야 하고, 우편송달이 가능해야 하며, 채무자와 실질적인 경제적 이해관계가 있어야 합니다.

관할법원

가압류 사건은 가압류할 물건의 소재지 지방법원(제3채무자의 주소지 지방법원) 또는 본안소송이 계속 중이거나 앞으로 본안이 제소되었을 때 이를 관할할 수 있는 법원 중 한 곳입니다.

기재 사항

당사자 및 법정대리인의 표시, 소송대리인의 표시, 신청의 취지, 신청의 이유, 법원의 표시, 소명방법의 표시, 연·월·일의 표시, 당사자 또는 대리인의 기명날인 또는 서명, 첨부서류의 표시, 목적물의 표시 여부 등을 기재합니다.

담보공탁 제공: 현금공탁, 이행보증보험계약

가압류 결정은 본안소송에서 채권자가 패소하는 등 가압류가 불필요하게 이루어진 것으로 인정되면 채권자(신청인)는 채무자를 상대로 손해배상책임을 지게 됩니다. 공탁금은 이 손해배상금을 담보하기 위한 담보공탁금의 성격을 가집니다. 예를 들어 채무자의 통장(예금반환청구권)이 가압류되어, 채무자는 가압류된 금전 사용 제한 외 신용등급 하락 등 불이익을 당할 수 있습니다.

담보공탁은 채권자에게 본안 판단을 받기 전 채무자의 재산 처분을 제한할 수 있도록 허용하는 대신 채무자에게 손해가 발생한 것으로 판명되는 경우 즉시 손해를 보전받을 수 있도록 작동합니다. 채권자 입장에서는 채무자의 의무 불이행으로 당연히 받아야 할 금전청구소송을 제기하는 것이므로 되도록 현금공탁 결정을 피하고자 '피보전채권'의 '보전의 필요성'을 정확히 기재할 필요가 있습니다. 참고로 법원 실무상 현금공탁을 원칙으로 한다는 평가가 있으며, 공탁한 현금은 채권자가 본안에서 승소하거나 가압류를 유지할 이유가 소멸하면 되돌려받을 수 있습니다.

가압류 효과: 제3채무자 조치

제3채무자는 가압류 절차 중 진술서 작성 요청에 응대합니다. 제3채무자에게 가압류 결정문이 도착하면 채무자는 금전 등의 지급이 제한됩니다. 결정 사항을 위반해서 채권자에게 손해가 발생한 경우, 이를 배상해야 합니다(이중 지급의 위험). 금융회사가 제3채무자인 경우 가압류 결정문 도달 시 채무자(고객) 계좌에 이와 같은 사실을 표시하고 사고 등록, 법적 지급 금지 조치(전산 조치)를 합니다.

채권가압류 3단 구조 응용

1. 전세보증금반환채권 담보설정 방법 설명

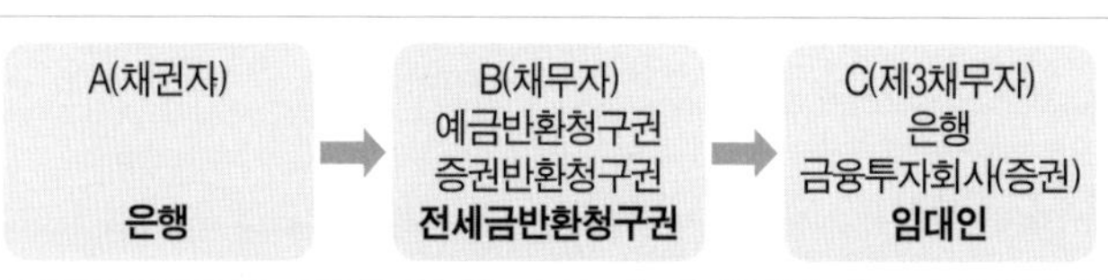

〈전세보증금반환청구권 질권설정 구조〉

위의 채권가압류 3단 구조로 은행이 임차인에게 전세금 담보대출을 실행하는 과정의 설명이 가능합니다. 전세계약 만기가 되면 임대인은 임차인(채무자)에게 전세금을 반환할 의무가 생깁니다. 은행은 임차인(채무자)의 임대인(제3채무자)에 대한 전세금반환청구권을 미리 담보로 잡고 전세자금 대출을 실행합니다.

대출 준비 단계에서 작성하는 많은 서류 중 **질권설정 합의서(A, B 합의) 및 질권설정통지서(B 명의로 C에게 통지)**가 포함되어 있습니다. **대출이 실행되면 은행은 B의 위임을 받아 C에게 질권설정통지서를 발송**합니다. 전세 만기가 되면 C는 전세보증금을 B가 아닌 A에게 반환하며(질권의 효과), A는 대출금을 변제하고 남은 금액을 B에게 반환하게 되는데 이것을 채권질권이라고 합니다.

채권질권을 설정하기 위해서는 A, B 사이의 합의와 이 합의 사실의 통지(B: 채무자의 제3채무자에 대한 통지) 또는 동의(C: 제3채무자 승락)가 필요합니다. 은행 실무는 질권 설정 사실의 '통지'를 더 많이 활용합니다.

2. 예금 질권 설정

법인 사이의 건물 임대차계약에서 적정 담보 비율 초과로 근저당권 대신 예금 질권을 설정하는 경우가 있습니다. A(임차인)가 보증금을 B(임대인)에게 지급하고, 보증금을 그대로 C(은행)에 예치하면서, A를 위해 예금반환채권으로 질권을 설정합니다. 보통 제3채무자인 은행이 제시한 질권설정합의서 및 질권설정승락서(1장짜리 서류)에 각 당사자가 날인하여 합의(합의의 내용에는 은행의 승낙, 즉 제3채무자의 승낙이 포함)하고 이 서류에 확정일자를 받아 대항력을 확보합니다.

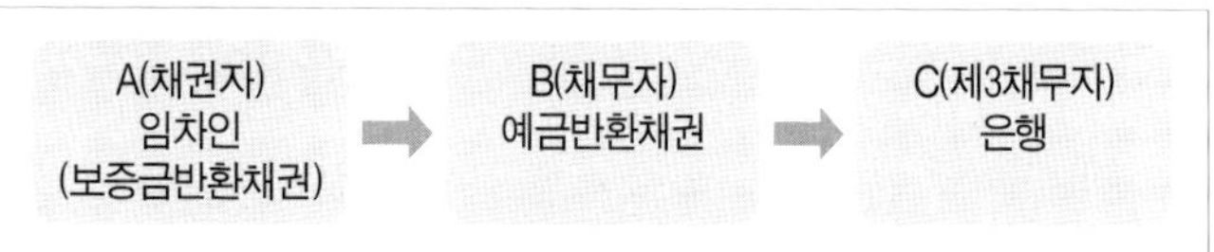

〈보증금반환청구권을 피보전 채권으로 예금반환청구권에 질권을 설정하는 구조〉

임대차 관련 소송 유형(정리)

임대차 주요 소송

- 임차인(본안): 임대보증금 반환청구(전세 포함), 손해배상(권리금)
- 임대인(본안): 건물명도(퇴거), 약정금(부당이득 또는 약정에 따른 청구)
- 보전처분 및 기타 준비절차: 임차권등기명령, 점유이전금지가처분, 채권가압류
- 강제집행: 채권압류 및 추심명령, 강제집행, 부동산 강제 경매 신청, 부동산 임의경매 신청

그 외 금전의 지급을 구하는 본안소송

임대차계약 중 금전을 지급하는 유형은 약정금, 부당이득, 손해배상 등이 있습니다. 금전을 지급하는 결론은 같지만 그 원인과 방법에는 차이가 있습니다.

약정금청구

계약에서 약속한 금액을 청구하는 경우입니다. 소비대차계약(자금의 차입 및 반환), 물품 대금 지급(물건 판매에 따

른 판매 금액) 등 당사자 간 체결한 계약에 기초하여 금전의 지급을 구하는 소송입니다. 임대차계약이라면 임대인, 임차인이 서로 합의로 정한 사항 중 '차임'의 지급을 생각할 수 있습니다. 차임(월세, 임차료 등)은 주택 사용 대가로 매월 일정액을 지급하기로 한 합의(약정)에 따라 지급할 의무가 발생하는 것으로 차임을 구하는 지급 소송도 약정금 청구 소송의 한 종류입니다. 또 임차인의 위반 사항에 일정 금액(또는 몇 개월분 차임)을 위약벌로 지급하기로 하였는데, 이때 임차인이 물게 되는 일정 금액도 약속에 의해 발생한 것이므로 일종의 약정금이라고 할 수 있습니다.

임대차보증금으로 계약종료 시 밀린 차임, 관리비, 연체 이자 외 이러한 약정금을 공제(보증금 공제)하면 됩니다. 하지만 임대차보증금이 부족하거나 보증금 공제 후 약정금 지급 사유가 발생하거나 계속되는 경우 비록 계약이 종료되었다고 해도 임대차계약서에 기초한 약정금반환청구가 가능합니다. 임대보증금반환청구는 성질상 약정금에 해당되지만 별도의 독립된 유형으로 분류합니다.

부당이득청구

임대차계약이 종료되었음에도 불구하고 임차인이 임

차목적물을 반환하지 않고 목적물을 점유하고 있다면 임대인은 이에 상응하는 경제적 손실을 입게 됩니다. 임차인이 목적물을 계속 사용하고 있고, 월세 상당의 이득을 얻고 있다면 (계약이 종료되었지만 계속 사용하므로) 소송의 성질을 약정금으로도 볼 수 있습니다.

임차인이 목적물을 사용하고 있지 않지만, 열쇠 반환이 되지 않은 (점유이전 거부 등) 경우, 임차인이 목적물을 사용하는 것으로 판단하기는 모호합니다. 판례는 이 경우 임차인이 차임 상당액의 부당이득을 얻었다고 보았습니다. 부당이득의 법리는 포괄적이지만 이 사건에서는 임차인이 적극적으로 사용 수익을 하는 것은 아니지만 임차인의 반환 거부로 임대인이 이를 사용하면서 얻을 이익을 상실하였다는 점을 고려하여 인정된 것입니다.

여기에는 임대인이 건물명도청구소송을 제기, 금전의 지급을 구하는 청구를 함께함으로써 부당이득을 반환하라는 뜻이 포함되어 있습니다.

임대차계약이 유지되고 있다면 그 성질상 약정금청구소송이 되고, 임대차계약이 종료된 이후 발생한 차임에 대해서는 부당이득청구가 됩니다. 조금 복잡한 소송이어서 셀프소송으로 진행하기 어려울 수 있습니다. 이러한 상황을 피하려면 차임연체가 시작될 때 망설이지 말고 건물명도청구를 시작하는 게 좋습니다. 보증금이 남아 있을 때 기존에 밀린 차임, 각종 소송 및 명도 비용을 떼이지 않고 받을 수 있을 것입니다.

손해배상청구

손해배상청구소송은 금전 지급의 원인이 당사자 간 약정이 아닌 외부 사건 또는 당사의 행위로 인해 발생하는 소송입니다. 민법 제750조에 따른 청구로 피해자가 가해자의 행위로 피해를 입었음을 입증해야 합니다. 약정금청구소송보다 재판에서 입증해야 할 사항이 많으며, 부당이득소송과 함께 적용되는 범위가 상당히 넓습니다.

상가임대차계약에서 임차인이 임대인을 상대로 제기하는 권리금배상청구의 법적 성질을 '손해배상청구권'으로 보고 있습니다. 권리금은 임차인 상호 간 주고받는 금액으로 임대인에게 직접 청구할 수 없고, 임대인이 권리금 회수를 방해할 때에만 손해배상청구 형태로 청구가 가능합니다.

본안 외 신청 사건

신청 사건의 종류는 다양합니다. 여기서는 채권가압류, 점유이전금지가처분, 임차권등기명령에 대해 살펴보겠습니다.

- 가압류 등 보전처분: 채권가압류만 다룸(부동산 59.9%, 채권 28.5%)
- 재산 관계 명시: 생략
- 채무불이행명부 등재: 생략
- 가처분: 점유이전금지가처분만 다룸(사건의 66%가 부동산)
- 강제집행 외 기타: 채권압류 및 추심명령, 강제집행, 부동산경매신청, 부동산임의경매신청, 임차권등기명령

가압류 등 보전처분의 대상물은 부동산이 압도적인 비율을 차지하고 있습니다. 임대차 분쟁에서 부동산가압류보다는 채권가압류가 더 활용도가 높을 것 같습니다.

나머지 다른 소송 및 신청 사건

이 책에 언급되지 않은 다른 유형의 사건을 접하게 되

면 지금까지 다룬 내용을 기초로 우선 소장(신청서) 작성을 시도해보기 바랍니다. 해당 분야의 법률 지식은 학습이 필요하지만 제공되는 해당 유형의 작성 예시, 상세한 설명을 먼저 찾아본다면 도움이 될 것입니다.

PART

많은 사람이 간과하는 것은 전세 계약의 신용적 특성입니다. 소유주에게 전세금을 맡기고 사용하였다면 만기에는 부동산을 돌려주면서 맡긴 전세금을 돌려받아야 합니다.

학습

- 주택임대차계약 -

생애주기 주거 공간 이용 계약

저는 집 외에 타인이 제공한 이용 계약은 하숙(계약)이 최초였습니다. 대학교 합격 소식을 듣고 등록금 납부보다 먼저 근처 하숙집을 알아보던 때가 있었습니다. 지금은 모르겠지만 당시는 하숙 계약서를 따로 작성하지 않았습니다. 아침, 저녁 식사와 빨래 서비스가 제공되었고 같은 대학 선후배와 자연스럽게 공동체를 이루며 활발히 교류했습니다. 방문 시건 장치가 따로 없어서 귀중품 및 PC를 도둑맞았던 기억이 떠오릅니다. 드라마 〈응답하라 1994〉의 신촌 하숙집 분위기와 거의 동일합니다.

고시 준비 기간 중에는 신림동 고시촌에서 고시원을 이용하였습니다. 보증금은 없었던 것 같은데, 기억이 정확하지 않습니다. 대략 전용 2평 남짓 되는 공간은 책상, 3칸짜리 책장, 옷걸이 외 별도 시설은 없었고, 좁은 복도 끝에 놓인 정수기와 냉장고, 욕실은 같은 층 입주자들이 공동으로 사용했습니다. 현재 사법고시 폐지 이후 신림동 고시촌은 활기를 잃었다고 들었습니다. 현재로서는 노량진 고시촌과 느낌이 비슷할 것으로 짐작해봅니다.

하숙과 고시원 이용 계약은 넓은 의미의 공간 사용 계약, 즉 임대차에 포함됩니다. 그러나 보증금과 기한의 약정이 없어 주택임대차보호법, 상가건물임대차보호법의 적용 대상은 아닙니다. 참고로 세상의 많은 거래와 계약 중 계약서가 체결되는 경우가 더 드뭅니다. '구두 계약'도 계약이고, 말로 약속해도 합의가 성립할 수 있으며, 법에서 허용되지 않는 사항을 제외하면 당사자 사이에서 자유롭게 합의 사항을 정할 수 있습니다.

이후 경기도 일산에 소재한 사법연수원 기숙사에서 잠시 생활했고, 회사 근처 오피스텔 전세 또는 월세로 사회생활을 시작했습니다. 현재는 소유한 자가는 임대로 준 상태에서 회사 근처에서 전세로 살고 있습니다. 임대인이면서 임차인입니다.

당시 오피스텔 월세는 임차보증금 천만 원에 월세 60만 원 정도였고, 중심가에 가깝거나 면적이 크거나 신축 여부에 따라 월세가 조금 차이가 났습니다. 소유자가 은행 대출을 받은 경우가 간혹 있었지만 오피스텔 시세, 근저당권으로 추정되는 대출금액 대비 보증금이 상대적으로 적고, 새로운 세입자를 금방 구할 수 있는 곳이어서 보증금을 잃을 위험은 상대적으로 적었던 것 같습니다.

대부분의 사람들은 생애 주기상 매월 내는 월세가 상대적으로 비싸다는 생각이 들 때쯤 전세를 고려하게 됩니다. 직장을 구하고 생활이 안정될 무렵 직장 내 주거지원금과 금융권의 전세자금 대출을 이용합니다. 주로 그동안 모은 자금에 상대적으로 금리가 저렴한 청년을 위한 전세자금 대출(정책적 대출)을 받아 보증금을 마련하기도 합니다. 저금리 대출을 활용하면 월세보다 낮은 이자를 내거나 월세와 비슷한 이자를 내면서 더 넓고 쾌적한 공간을 사용할 수 있어 만족감이 높은 선택지가 될 수 있습니다.

다만 갑자기 부자가 된 착각에 빠지지 말고, 대출은 언젠간 갚아야 한다는 사실을 꼭 기억했으면 합니다. 월세 대신 전세를 이용하여 생긴 차액분을 잘 모아 대출금 상환에 사용하거나 예비비 등 여유자금으로 활용하는 지혜가 필요합니다.

전세는 신용 계약이 포함

전세는 전 세계에서 우리나라에만 있는 '부동산 이용과 신용 계약이 결합된 특수한 계약'입니다. 전세 계약이 소유주에게 전세금을 맡기고 전세 기간 동안 주택을 사용할 수 있는 부동산 이용 계약이라는 것은 누구나 알고 있습니다. 많은 사람이 간과하는 것은 전세 계약의 신용적 특성입니다. 소유주에게 전세금을 맡기고 사용하였다면 만기에는 부동산을 돌려주면서 맡긴 전세금을 돌려받아야 합니다. 이때 전세금을 돌려받는 상황은 빌려준 돈을 상환받는 형태와 동일합니다. 즉 전세금은 부동산 이용 대가인 동시에 전세 기간 동안 집주인에게 빌려준 대여금입니다. 임차인(전세권자/세입자)의 관점에서 보면 전세금을 집주인에게 무이자로 대여해주면서 그 대가로 집의 사용권을 얻는 계약을 했다고 볼 수 있습니다.

신용 계약은 돈을 돌려줄 사람(=돈을 빌린 사람, 차주)의 신용이 고려됩니다. '신용'은 은행 대출을 받을 때 참조하는 '신용등급'의 개념을 포함하며 이보다 조금 더 넓은 경제적 자력, 지급 의사 등을 포함하는 일반적으로 사용되는 의미입니다.

전세 계약에서 집주인의 신용은 계약체결보다 계약종

료 때 더 중요합니다. 계약체결 시점 2년 또는 4년 뒤에 전세 가격이 하락하였을 경우 시세 하락분을 감당할 수 있는 경제적 능력과 의지가 있는지를 미리 파악할 수 없는 것이 문제이기는 합니다. 그러므로 임차인은 집의 교환가치를 보고 전세금을 빌려줬다는 생각을 가져야 하며, 담보는 넉넉하게 확보해야 합니다. 평균 매매가격 대비 전세금이 70%를 넘지 않아야 비교적 안전하게 담보를 확보한 것으로 볼 수 있습니다.

부동산 가격 하락기에 전세금을 날리는 이유

임차인(전세권자)은 집의 교환가치를 보고 전세금을 무이자로 빌려주고, 임대인(전세권설정자)은 무이자로 전세금을 빌려 집의 사용권을 허락하는 약속이 바로 전세 계약입니다.

임차인(전세권자)의 입장에서는 보통 전세자금 대출 이자가 월세보다 저렴합니다. 임대인(전세권설정자)은 전세금을 뺀 나머지 금액으로 부동산을 취득할 수 있습니다. 보유한 주택을 전세로 내놓고 받은 전세금을 이사할 주택의 구입 자금으로 사용하거나 다른 투자처에 재활용할 수 있습니다. 임대인의 입장에서는 무이자로 조달한 전세금을 이용하여 적은 돈으로 부동산에 투자할 수 있습니다.

월세 임대인이라면 매월 월세 수익을 챙기는 투자자로서의 성격이 짙지만 적은 돈으로 부동산 시세 상승을 노리는 투자자라면 임차인으로부터 받은 전세금을 지렛대 삼아 시세에서 전세금을 뺀 금액만 투자하여 수익률을 극대화할 수 있습니다. 임차인, 임대인 모두 전세 계약을 통해 상호 이익을 얻을 수 있습니다.

하지만 전세보증금 자체가 높거나 시세 대비 전세금 비율이 높으면 그 자체로 부담이 큽니다. 월세 대신 전세가 비용이 적게 든다는 점에만 집중하지 않도록 주의해야 합니다. 위기 관리 경험이 상대적으로 적은 사회 초년생의 경우 전 재산에 가까운 전세보증금의 전부 또는 일부를 회수하지 못하거나 반환이 늦어질 때의 경제적 충격은 상당히 클 수 있습니다. 부동산의 가격이 오른다면 임차인의 입장에서 전혀 문제될 것이 없지만 부동산 가격이 하락했을 때 임차인이 사실상 그 위험을 떠안게 되는 경우가 있으니 주의해야 합니다. 임차인이 전세금을 돌려받지 못한 사고를 분석해보면 소유자가 부동산 외 다른 자산 없이 전세금을 활용하여 여러 부동산을 레버리지 투자한 경우 그 발생 빈도가 높았습니다.

투자 목적이 된 부동산은 가격 하락에 취약해서 임대인이 하락에 대비하지 않으면 결과적으로 시세 하락의 효과가 고스란히 임차인에게 전달됩니다. 그러나 임대인이 무리하게 레버리지 투자를 하였는지 등의 주관적 사정은 미리 파악하기 어렵습니다. 객관적으로 파악 가능한 사실을 기초로 위험한 전세(시가에 바짝 붙은 전세, 신축 빌라, 불법 용도 변경 등)는 처음부터 피하는 게 상책입니다.

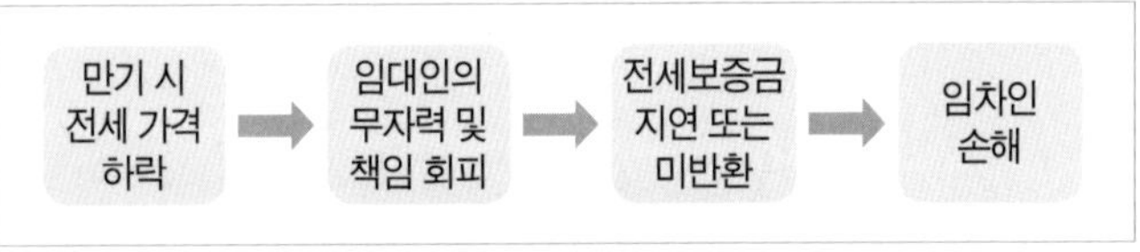

〈임차인이 전세보증금을 손해 보는 경로〉

전세보증금 반환을 위한 압박 - 지연 이자 청구

보증금 원금은 제때 받는 게 가장 바람직합니다. 반환이 지체되는 경우 당사자 사이에 약정이 없다면 주택은 민법상 지연 이자 5%, 상가는 6%의 비율에 의한 지연 이자를 청구할 수 있고, 전세보증금반환청구소송 제기 시 연 12%의 지연 이율이 적용됩니다. 주민등록과 확정일자를 받아 대항력과 최선순위 우선변제권을 확보하였다면 신속하게 소송을 제기하는 것이 바람직합니다(전세보증금반환청구소송 제기 방법 참조).

한편 보증금 반환과 주택의 반환은 동시이행의 관계에 있습니다. 임차인의 입장에서는 보증금을 돌려받지 못하였는데 주택을 임대인에게 반환할 수는 없습니다. 주택을 그대로 사용하면서 전세보증금반환소송을 제기하면 법원은 '임대인은 주택을 반환받음과 동시에 보증금을 지급하라'고 판결해 주지만 지연 이자 청구는 받아주지 않습니다. 이사하고 소송을 제기하면 점유를 상실한 것으로 해석하여 대항력, 우선변제권이 상실될 위험도 있습니다.

이때는 임차권등기명령제도를 활용하여야 합니다. 전세보증금반환청구소송을 제기할 때 잊지 않고 해둬야 하는 조치입니다. 보증금을 돌려받지 못한 채 임차인이 지방 발령, 취업, 학교 입학 등으로 이사를 해야 하는 경우에 유용합니다. 임차권등기는 우선변제권을 유지시켜 줍니다. 임차권등기명령신청과 함께 전세보증금반환청구소송을 제기하면 임대인은 보증금에 대해 연 12%의 지연이자를 부담하게 되므로 심리적, 경제적으로 압박을 가할 수 있습니다. 전세보증금반환청구소송은 되도록 신속히 제기하는 것이 추후 경매절차를 빠르게 시작할 수 있고,

우선변제권에 앞서는 국세, 당해세 등 임차인보다 앞서는 채권이 끼어드는 것을 예방할 수 있습니다.

보증금은 원금을 제때 받는 게 가장 바람직합니다. 지연 이자를 청구하는 상황에 놓인 사실 자체가 임차인의 입장에서는 거의 전 재산이 묶여 있는 셈이므로 상당한 스트레스를 받게 됩니다. 소송 및 강제경매 절차도 꽤 많은 시간이 걸릴 수 있다는 사실과 실행 방법을 미리 알고 있어야 분쟁을 사전에 예방하거나 조속히 종결시킬 수 있는 길이 열립니다.

〈임차인의 전세보증금 반환 경로〉

분쟁이 생기면 신속히 분쟁을 종결시키는 것이 바람직하고, 평소에 미리 대비하여 시간 낭비와 감정 소모를 최소화할 수 있도록 해야 합니다. 임차권등기와 소송 제기는 법원을 통한 최후의 수단으로 가장 강력한 효과가 있음을 꼭 기억하기 바랍니다. 그 외에 보증보험제도가 대안이 되기도 하지만 최근 소유자의 자력이 갑자기 악화되거나 1인당 보증보험 지급 한도를 초과할 경우 보험 가입 또는 보험금 지급이 거절되는 사례도 있다고 합니다.

개인적으로 시세 대비 전세금 비율 70% 미만 유지와 전세권 설정이 임차인을 위한 가장 강력한 수단이라고 생각합니다. 전세권 등기가 되어 있다면 임대인이 반환을 지체하는 경우 임차권등기명령, 전세보증금반환청구소송의 제기 없이 해당 주택에 바로 경매를 신청할 수 있습니다.

전세권 설정

임차인이 전세보증금반환을 확보하기 위해 임대인에게 전세권 설정을 요청한 경우 임대인이 이를 거부하는 사례가 꽤 된다고 합니다. 하지만 전세권 설정 및 말소 비용을 임차인이 모두 부담하기로 결정하고, 임대인 스스로 전세금을 반환할 능력과 의지가 있다면 이를 거부할 이유는 없다고 생각합니다.

주민등록과 확정일자로 대항력과 우선변제권을 확보하면 충분하지 않냐는 견해도 있지만 우선변제권은 일단 경매가 진행되고, 낙찰되어 경락대금을 분배할 때 우선순위가 있다는 의미에 불과합니다. 즉 우선변제권만으로는 경매를 실행할 수 없습니다. 앞에서 살펴본 바와 같이 임차권등기명령, 전세금반환청구소송을 제기하여 승소 판결을 받은 후 다시 강제경매 절차를 밟아야 합니다.

절차가 모두 완료된 후 각종 신청, 소송비용을 임대인에게 청구할 수는 있지만 반환 전까지는 임차인이 절차를 진행하기 위해서라도 비용을 먼저 납부하여야 하고, 전세보증금을 반환할 자력이 없어 소송 등을 제기할 정도로 재산 상황이 좋지 않은 임대인이 관련 청구 비용을 지급할 수 있을지는 확신할 수 없습니다.

전세권 등기의 효과는 우선변제권과 경매신청권에 있습니다. 전세권 등기가 경료되면 피치 못할 사정으로 이사 가게 되더라도 임차권등기를 따로 하지 않아도 됩니다. 또 경매신청권이 있어 전세금반환청구소송 제기 없이 경매신청이 가능하므로 최소 2~3개월의 시간 낭비를 줄일 수 있습니다.

임차인의 입장에서는 여러 면에서 전세권 설정이 유리합니다. 비용 측면에서 보증보험증권 발행이 더 저렴해 보일 수 있습니다. 그러나 주택임대차보호법 개정으로 임차인에게 계약갱신청구권이 인정되므로 실질적으로 임차기간이 4년으로 연장되었다는 점을 고려하면 계약 기간마다 보험갱신을 해야 하는 보증보험증권보다 비싸지 않습니다. 전세권 설정도 법무사의 도움 없이 가능합니다. 셀프등기는 셀프소송보다 더 쉽습니다.

그러므로 전세보증금을 제대로 돌려받을 수 있을지 불안해 하면서 정작 적은 등기 비용 때문에 전세권 설정을 망설이지 않았으면 좋겠습니다. 임대인 측은 전세권 설정에 우호적이지 않다는 게 일반적인 분위기입니다. 그러나 과거처럼 '감히 임차인 주제에 전세권을 달라고 해?'라는 식으로 '갑'의 입장에서 반응하는 임대인은 없을 것입니다.

임대인이 '등기필정보'(등기필증)를 분실하였거나 전세보증금 때문에 경매절차를 밟은 경험이 있지 않은 이상 전세금 반환 능력과 의지가 있는 임대인이라면 전세권 설정 요청에 응하지 않을 이유가 없습니다.

전세는 우리나라에만 있는 '부동산 이용과 신용이 결합된 계약'입니다. 대항력과 우선변제권만으로 보증금 반환이 안전하다고 안심할 수 없습니다. 부동산 가격의 하락기와 집주인의 신용하락이 맞물리는 경우 임차인에게 피해가 전가되는 일이 주기적으로 발생하고 있으니 주의해야 합니다.

전세, 반전세, 월세

전세와 월세(반전세 포함) 계약은 타인의 소유 주택, 건물 등을 빌려서 사용한다는 공통점이 있습니다. 사용의 대가로 임차료(즉 사용료, 월세, 임대료)를 직접 지급하거나, 전세보증금을 무이자로 맡기고 임차료를 지급한 것으로 보는가에 차이가 있을 뿐입니다.

전세 대비 월세는 보증금이 소액이며, 차이가 나는 보증금 대신 매월 지급하기로 약속한 금액이 월세가 됩니다.

임차료를 내고 건물을 사용하는 사람을 임차인(반대 당사자는 임대인), 임차료 없이 매매가격 대비 높은 수준의 보증금을 맡기고 건물을 사용하면 전세권자(반대 당사자는 전세권 설정자)라고 합니다. 부동산 이용료를 치르는 방법에 차이가 있을 뿐 두 계약은 본질적인 차이가 없습니다. 그래서 주택임대차보호법에서는 전세권 등기를 하지 않은 전세권자를 임차인으로 보고 있습니다.

따라서 현장에서 전세, 반전세, 월세 계약을 체결하고 주택 등을 사용하는 당사자를 '임차인'으로 지칭하고, '전세보증금'과 '임차보증금'을 같은 의미로 보아도 무방합니다. 전세권 등기를 마친 전세권자가 있다면 주택임대차보호법에서 정한 임차인도 되고, 민법상에서 정한 전세권자로서의 지위도 함께 갖게 됩니다.

전세, 월세(두 유형을 절반 정도 섞어 놓은 반전세)의 구분은 유동적입니다. 즉 특정한 임대인이 경제적 필요에 따라 소유 주택을 보증금과 월세의 배분 비율을 정하여 임대시장에 내놓으면 임대인이 제시한 조건을 그대로 수용하는 임차인이 있을 수도 있고, 협의에 따라 양자 간의 배분 비율을 조정하기도 합니다. 예를 들어 보증금을 조금 하향(상향) 조정하고 월세를 올릴(내릴) 수 있습니다.

임대차보증금의 월세 전환율

보증금의 월세 전환은 '전환이율'을 몇 % 수준으로 정하느냐에 따라 손해 보는 쪽과 이익을 보는 쪽이 갈라질 수 있습니다. 임대차보호법에서 정한 전월세 전환율을 살펴보겠습니다.

연간 5%(기준금리 + 2%) 주택임대차보호법 제7조의 2 (2022년 10월 17일 기준)

〈월세 전환율〉

이 전환율은 2022년 10월 17일 기준 한국은행 기준금리 3%(변동비율)와 법령에서 정한 이율 2%(고정비율)를 더한 값입니다. 한국은행 기준금리가 바뀔 때마다 월세 전환비율도 변동됩니다. 예를 들어 전세보증금 1억 원을 월세로 전환하더라도 전환 당시의 기준금리에 따라 전환 금액이 달라집니다.

현재 월세 전환율 5%로 1억 원을 전환하면 연간 임차료(연간 500만 원)로 전환한 후 12개월로 나눈 416,667원이 새롭게 부담할 월세가 됩니다. 1억 원을 임차인에게 반환하고 연간 5% 수익을 매월 나누어서 받는 것입니다. 연간 5%의 금융상품은 수익률이 조금 낮은 것 같습니다.

같은 방법으로 보증금 1.5억 원인 전세 계약 중 보증금 1.4억 원을 월세로 전환하였다고 가정할 경우, 변경된 계약 조건은 보증금 1,000만 원에 월세 583,333원(1.4억 원×5%/12개월)이 됩니다.

전세보증금의 임차료 전환(예시)

전세(임차)보증금 중 전부/일부를 차임으로 전환 시
주택임대차보호법 제7조의 2 적용
(차임을 보증금으로 전환할 때는 법규정이 없어, 협의 대상임)

전세(기존)	전환되는 보증금		증액 임차료 (연간)	(신규) 임차 조건
1.5억 원	1.4억 원	→	700만 원	**1,000만 원, 58만 원(월세)**

전환율 5%(기준금리 + 2%)

2022년 1월 당시 기준금리 1%였을 때 같은 계산을 하면 보증금 1,000만 원에 월세 35만 원 정도 수준이었습니다.

그 사이 기준금리 2% 상승의 효과가 반영되어 월세는 58만 원이 되었습니다. 참고로 기준금리가 아무리 올라도 전환율은 연간 10%를 넘지 못합니다.

기준금리 상승에도 불구하고 임대인 입장에서는 보증금 전환율 연 5%는 아직 크게 매력적이지 않아 보입니다. 처음부터 월세를 목적으로 시장에 내놓지 않는 이상 기존 보증금을 월세로 전환했을 때의 이익은 크지 않습니다. 임대인이 부동산 대출을 받아 임대 사업을 한다고 가정한다면 현재 대출이자보다 월세 전환으로 얻는 수익이 더 낮습니다. 기준금리가 계속 오른다고 해도 결과는 비슷할 것 같습니다.

기준금리가 오르면 대출금리, 예금금리도 함께 오릅니다. 전환이율은 기준금리에 2%를 더한 이율이므로 기준금리 변동이 있더라도 2%의 수익률을 얻게 되지만 입법자의 의지가 임대인에게 월세 전환으로 이득을 주지 않거나 최소한의 이익만 주겠다는 메시지로 받아들여집니다. 예금금리와 비교해 본다면 수익률의 차이가 거의 나지 않거나 미세하게 높은 수준입니다.

빗나간 예상 - 하반기 전세보증금 인상

2022년 초부터 많은 언론에서 전세 대란(전세금의 급격한 상승)을 예측했습니다. 반면 지속적인 금리인상 및 긴축의 영향으로 부동산 가격이 하락할 것이라는 예측도 있습니다. 또한 전세금이 상승하고 금리까지 오르기 때문에 전세자금대출 이자 부담이 월세보다 더 비싸다고, 월세 전환을 은근히 부추기는 기사도 보입니다.

임차인이라면 우선 갱신청구권 행사를 고려하여 보증금 인상률을 5% 이내로 제한하는 게 중요하고, 계약 갱신으로 4년의 계약 기간을 채웠다면 주변의 주택 시세가 어떠한지 면밀히 체크해서 현명한 선택을 하여야 합니다.

전세보증금의 대폭적인 인상 및 월세 전환이 마치 트렌드인 것처럼 착각하지 않아야 합니다. 임대차계약은 임대인과 임차인 각자의 사정에 맞추어 협의를 진행할 수 있으며, 올려 받은 전세금도 만기에는 반환해야 할 의무가 있다는 사실을 기억해야 합니다.

금리인상의 여파

금리, 주식, 환율은 부동산 가격과 밀접한 연관이 있습니다. 일반적으로 금리가 오르면 부동산 가격이 좋지 않다고 알려져 있습니다. 최근 원달러 환율은 달러당 1,300원을 넘어서기도 했습니다. 우스갯소리로 1,300원을 넘으면 주가가 40%로 빠진다는 이야기도 있습니다.

최근 미국 채권 시장의 장단기 채권 금리가 역전되었다고 합니다. 물론 일시적인 현상이라고 치부하기도 하지만 전문가 중 일부는 상당히 안 좋은 조짐이라고 평가합니다. 장단기 금리와 채권 금리 역전 현상은 쉽게 말해 3년짜리 적금 금리가 10년짜리 적금 금리보다 높은 경우와 비슷하다고 볼 수 있습니다. 시간과 이자율은 정비례한다는 통념이 순간적으로나마 뒤집혔으므로 좋은 신호는 아니라는 이야기입니다. 인플레이션 때문에 시중에 풀린 돈을 거둬들이고 있다고 합니다. 일반인들이 피부로 체감하기는 조금 이르지만 현재 분위기는 그리 좋지는 않습니다. 어찌보면 위기의 만성화 현상 때문에 좋은 시절은 없었다고 가볍게 여길 수 있지만 무리하지 않는 신중함이 필요합니다.

2022년 1월 대비 기준금리는 2%가 올랐습니다. 대출금리 인상폭은 더 큽니다. 주택을 살 때 구매해야 하는 국민주택채권의 자기 부담률은 3월 31일 기준 9~10%였는데, 6월에는 13%를 넘어 14%에 육박한 날도 있었습니다. 참고로 2016년은 1.2~1.5% 수준이었습니다. 이와 같이 기준금리 인상의 효과는 많은 곳에 영향을 미치고 있는데, 부동산 시세와 전세금만 계속 오를 것으로 보이지는 않습니다.

임대인이 전세를 월세로 바꾸자고 요청할 경우

임차주택의 사용, 관리 수선(제3조), 계약의 해제(제5조), 임차인의 계약갱신요구와 임대인의 거절사유(제8조) 등을 담은 국토교통부 주택임대차표준계약서(총 2페이지)는 임차인에게 부여된 권리를 상세히 설명하고 있지만, '보증금의 월세 전환' 및 '전환 이율'에 대해서는 정하고 있지 않습니다. (국토교통부 주택임대차표준계약서 참조)

주택임대차보호법이 제정되기 전까지 임대인은 우월적인 지위를 이용하여 월세, 보증금의 대폭적인 인상 또는 '보증금을 높은 이율로 월세 전환'을 관철시켜 왔습니다. 현재는 임차료 인상률 제한, 임차인의 계약갱신권 보장과 함께 전환이율까지 법으로 정하여, 임대인이 횡포를 부릴 여지를 차단시켜 놓았습니다.

그럼에도 불구하고 임대인이 법에서 정한 기준보다 (2022년 10월 17일 기준 5%) 높은 전환율을 요구할 경우 어떻게 하면 좋을까요? 나중에 같은 법 10조의 2(초과 차임 등의 반환청구) 조항에 근거하여 기준을 초과하는 부분을 돌려받을 수 있습니다. 소송의 종류는 부당이득소송이 될 것 같습니다.

입법자는 임대인이 우월적인 지위를 이용하여 법에서 정한 기준을 초과하는 합의를 요청하고 임차인이 이를 수용할 수밖에 없는 현실적인 상황까지 내다보고 계약기간이 종료된 이후라도 돌려받을 수 있는 방법을 마련해 두었습니다. 임차인에게 불리한 약정은 주택임대차보호법상 무효라는 점을 잘 알고 임대인의 보증금 전환 요청에 대응하기 바랍니다.

〈전환이율 관련 주택임대차보호법 관련 조항〉

주택임대차보호법 제7조의2(월차임 전환 시 산정률의 제한) 보증금의 전부 또는 일부를 월 단위의 차임으로 전환하는 경우에는 그 전환되는 금액에 다음 각 호 중 낮은 비율을 곱한 월차임(月借賃)의 범위를 초과할 수 없다. 〈개정 2010. 5. 17., 2013. 8. 13., 2016. 5. 29.〉

1. 「은행법」에 따른 은행에서 적용하는 대출금리와 해당 지역의 경제 여건 등을 고려하여 대통령령으로 정하는 비율
2. 한국은행에서 공시한 기준금리에 대통령령으로 정하는 이율을 더한 비율
[전문개정 2008. 3. 21.]

주택임대차보호법 시행령 제9조(월차임 전환 시 산정률) ① 법 제7조의2제1호에서 "대통령령으로 정하는 비율"이란 연 1할을 말한다.
② 법 제7조의2제2호에서 "대통령령으로 정하는 이율"이란 연 2퍼센트를 말한다. 〈개정 2016. 11. 29., 2020. 9. 29.〉
[전문개정 2013. 12. 30.]
[제2조의2에서 이동, 종전 제9조는 제16조로 이동 〈2013. 12. 30.〉]

월세를 보증금으로 전환할 때의 기준

참고로 월세를 보증금으로 전환할 때의 기준은 법으로 정하지는 않았습니다. 만약 임대인이 임대사업자등록을 하였다면 민간주택에 관한 특별법 제44조 제4항이 적용되어 주택임대차보호법에서 정한 보증금을 월세로 전환할 때 적용되는 전환비율(2022년 10월 17일 기준 5%)로 임차료를 보증금으로 전환할 수 있습니다. 이 경우 전환비율이 낮은 게 결과적으로 보증금이 커지는 효과를 불러와

오히려 임차인에게 불리해지는 상식 밖의 결론이 도출됩니다.

임대인은 목돈이 필요하고, 임차인은 월세를 내다가 전세대출을 받아 월세 비용을 줄이려는 이해관계가 일치할 때 기존 월세를 보증금으로 전환하는 합의를 시도할 수 있습니다. 개인적으로 4~6% 범위 내에서 전환이율을 합의하면 무난하다고 판단합니다. 다만 임대인에게 목돈이 필요하다는 신호가 임차인에게 그리 유리하지는 않고, 임차료 전체를 보증금으로 바꾸면 전세 계약이 되므로 전세 계약 시의 유의 사항을 점검해 보아야 합니다.

(전세권 부분 참조)

전세와 월세 중 유리한 계약은?

임차인의 입장에서는 전세가 월세보다 유리합니다. 보증금 1,000만 원에 월세 60만 원을 내는 것보다 전세보증금 1억 3천만 원~1억 5천만 원이 비용 측면에서 유리합니다. 전세가 귀한 상황이거나 전세 가격, 전세자금대출 금리가 오르면서 일시적으로 월세가 더 유리한 경우는 일시적이고 특별한 케이스입니다. 아파트와 같이 표준형이 있어 같은 물건처럼 보이더라도 각자의 사정과 필요에 따라 다양한 가격이 형성됩니다.

부동산은 위치, 생김새, 층수, 면적 및 임차 조건이 모두 다릅니다. 손품과 발품을 팔면서 물건을 찾다 보면 임대인의 선택에 따라 주변 시세보다 싸게 나온 물건을 발견할 수 있습니다. 예를 들어 주택 임대사업 대상 부동산의 보증금 등의 최대 인상률은 5%로 제한됩니다. 낮은 가격으로 한 번 계약을 체결하면 시세보다 계속 낮은 가격을 유지할 수밖에 없습니다.

임차인에게는 전세가 월세보다 더 유리하지만 경우에 따라서 전세와 월세 사이의 '반전세'도 유효한 선택지가 될 수 있습니다. 임차인이 전세보증금 전체를 감당할 여력이 되지 않으면 그 절반은 월세를 부담하는 방법입니다. 계약 갱신 과정에서 반전세로 전환되는 사례도 있습니다.

최초 계약 때는 보증금 전체에 대해 우선변제권이 확보되었지만 그 이후 근저당권이 설정되어 있다면 추가된 보증금은 근저당권보다 후순위가 됩니다. 이때는 집주인의 신용 상태의 영향을 더 받게 됩니다. 전세자금대출 금리는 대출 구간별로 금리가 상이하게 정해지는 경우가 있습니다.

보증금 인상분 때문에 상위 구간의 금리(높은 금리)를 적용받는 것보다는 차라리 고정 수입으로 일정 부분 월세를 부담하는 게 더 유리할 수 있습니다. 고액 전세금 마련이 어렵고 금리가 높으며, 이사 비용(전학, 환경 변화 등)을 치르는 것보다 보증금 인상분을 월세로 부담하는 방안도 고려해 볼 수 있습니다.

임차료(월세) 전환 이유 및 적정 전환율

가장 결정적인 이유는 임대인에게 보증금을 상환할 목돈이 생겼기 때문입니다. 초기 취득 시 비용을 최소화하기 위해 전세를 끼고 주택, 건물 등을 매입한 후 보증금을 상환할 금전적인 여유가 생겼을 것으로 봅니다. 부동산의 대표적인 투자 방법에는 '지렛대 극대화 방법'(갭 투자)과 '투자수익률 올리는 방법'이 있습니다. 주택 임차의 경우 임대인이 보증금을 반환하고 월세로 전환하고자 하는 사례가 상가 임차보다는 많지 않겠지만 간혹 이러한 요청을 받기도 하므로 임대인의 요청이 있을 경우를 대비하여 상가 사례를 소개해 보겠습니다.

금융회사 지점 임대차계약을 관리하다 보면, 보증금 중 전부 또는 일부를 반환하고 월세로 전환하자는 임대인의 요청을 받는 경우가 있습니다. 개인이 아닌 기업 임차의 경우 보증금, 월세 금액이 커서 상가건물임대차보호법상 인상률 제한 조항과 보증금의 월세 전환율 규정을 적용받지 않기 때문에 임대조건 협상을 잘하면 임대인은 상가 수익률을 끌어올릴 수 있고, 기업 임차인은 다액 보증금의 리스크를 줄이는 효과를 거둘 수 있습니다.

협상력과 당사자의 사정에 따라 전환율이 달라졌지만 대략 5~7% 수준에서 결정되었습니다. 주택이라면 이보다 1% 내외 낮은 수준인 4~6% 사이가 적당합니다.

대항력 갖추기

보증금을 안전에게 돌려받기 위한 기본적인 조치는 대항력과 우선변제권 확보입니다. 대항력은 주택의 인도와 주민등록(전입신고)을 마쳐야 합니다.

〈대항력의 요건〉

주택임대차보호법 제3조(대항력 등) ① 임대차는 그 등기(登記)가 없는 경우에도 임차인(賃借人)이 주택의 인도(引渡)와 주민등록을 마친 때에는 그다음 날부터 제3자에 대하여 효력이 생긴다. 이 경우 전입신고를 한 때에 주민등록이 된 것으로 본다.

우선변제권

임대차계약 증서상의 확정일자를 받아야 우선변제권이 인정됩니다.

〈우선변제권〉

주택임대차보호법 제3조의2(보증금의 회수) ② 제3조제1항·제2항 또는 제3항의 대항요건(對抗要件)과 임대차계약증서(제3조제2항 및 제3항의 경우에는 법인과 임대인 사이의 임대차계약증서를 말한다)상의 확정일자(確定日字)를 갖춘 임차인은 「민사집행법」에 따른 경매 또는 「국세징수법」에 따른 공매(公賣)를 할 때에 임차주택(대지를 포함한다)의 환가대금(換價代金)에서 후순위권리자(後順位權利者)나 그 밖의 채권자보다 우선하여 보증금을 변제(辨濟)받을 권리가 있다.

대항력과 우선변제권

대항력을 갖추면 임대차계약 당사자 사이에만 적용되는 효력을 제3자에게도 주장할 수 있습니다. 즉 임대인이 주택을 매각하여도 임차인은 쫓겨나지 않고 새로운 매수자에게도 임대차계약상의 권리를 보장받을 수 있게 됩니다. 원래 계약의 효력은 체결 당사자 사이에만 효력이 있으며 법률로 특별한 경우 제3자도 계약의 효력을 확대시키고 있습니다. 대항력이 없다면 제3자의 침해에 대해 무력할 수밖에 없습니다.

매수자인 제3자 입장에서도 주택의 인도와 주민등록이라는 '객관적인 표시'를 통해 매도인 외 다른 사람이 주택에 거주하고 있음을 충분히 파악할 수 있으므로 매도인으로부터 속아서 부동산을 살 위험은 적습니다.

즉 임차인이 있는 상태에서 매매하려면 기존 매도인(임대인)이 돌려줘야 할 보증금을 뺀 나머지 금액으로 소유권을 취득할 수도 있습니다. '객관적인 표시'(주택의 인도와 주민등록)가 있을 때만 신뢰와 보호가 적용됩니다. 다만 주택의 인도와 주민등록을 하더라도 그다음 날(즉시가 아니라)부터 효력이 발생한다는 점을 주의해야 합니다.

주택임대차보호법은 임차인 보호에 있어 약간의 빈틈(시차)이 있습니다. 실무에서는 임대차계약서 특약으로 '임대인은 임차인의 임차보증금을 선순위로 인정한다(다른 담보를 제공하지 못한다)'라는 조항을 두고, 입주 이후 부동산등기부를 재차 확인(인도와 주민등록을 한 이후 다음 날이 되기 전까지 등기부에 표시되는 새로운 제3자가 있는지 여부를 확인)합니다.

우선변제권은 대항력과 확정일자를 갖춘 임차인의 보

증금에 대해 인정되며, 확정일자는 주민등록을 하러 간 주민센터에서 임대차계약서 원본에 확정일자인(정부의 확인 도장)을 받으면 됩니다. 구청, 주민센터, 부동산 중개소에서 지속적으로 안내하고 있으니 이사 당일, 미루지 말고 주민등록과 확정일자를 꼭 받기 바랍니다.

우선변제권은 임차 대상 부동산이 **경매**가 진행된 후 부동산의 매각 대금을 배분할 때 타 권리자보다 우선하여 변제받을 권리입니다. 하루 이틀 사이에 새로운 이해관계자가 등장하여 보증금을 날리는 사례도 종종 목격되므로 주의해야 합니다. 확정일자를 받은 임대차계약 원본은 분실하지 않도록 잘 보관해야 합니다.

등기하지 않은 전세 계약

등기하지 않은 전세 계약도 임대차보호법이 적용됩니다. 즉 보증금만 있고, 월세가 없는 전세 계약(계약서의 명칭이 전세 계약이라고 적혀 있더라도)도 임대차보호법이 적용됩니다. 전세 계약의 전세금은 주택임대차보호법에서 정한 '임대보증금'으로 간주합니다.

〈미등기 전세 계약도 주택임대차보호법 적용〉

주택임대차보호법 제12조(미등기 전세에의 준용) 주택의 등기를 하지 아니한 전세 계약에 관하여는 이 법을 준용한다. 이 경우 "전세금"은 "임대차의 보증금"으로 본다.

임차권등기명령(대항력과 우선변제권 유지)

보증금을 반환받지 못한 채 이사 가야 하는 상황이라면, 임차권등기명령신청을 꼭 기억하기 바랍니다. 임차권등기명령에 든 비용은 임대인에게 청구할 수 있습니다. 임차권등기 없이 이사한 경우 '점유'를 잃거나 주민등록 이전으로 평가되어 대항력과 우선변제권 모두를 상실할 수 있으니 주의해야 합니다.

〈임차권등기명령〉

주택임대차보호법 제3조의3(임차권등기명령) ⑤ 임차인은 임차권등기명령의 집행에 따른 임차권등기를 마치면 제3조제1항·제2항 또는 제3항에 따른 대항력과 제3조의2제2항에 따른 우선변제권을 취득한다. 다만, 임차인이 임차권등기 이전에 이미 대항력이나 우선변제권을 취득한 경우에는 그 대항력이나 우선변제권은 그대로 유지되며, 임차권등기 이후에는 제3조제1항·제2항 또는 제3항의 대항요건을 상실하더라도 이미 취득한 대항력이나 우선변제권을 상실하지 아니한다. 〈개정 2013. 8. 13.〉

계약갱신 청구

주택임대차보호법 제6조의3(계약갱신 요구 등)에 따라 임차인에게 1회 계약갱신 요구권이 인정됩니다. 계약이 갱신되면 계약은 2년 연장이 됩니다. 특별한 사정이 없다면 임차인은 실질적으로 4년의 임차 기간이 보장됩니다. 그리고 갱신 시점에 임차보증금은 최대 5%만 인상이 가능합니다.

〈계약갱신 요구〉

주택임대차보호법 제6조의3(계약갱신 요구 등) ① 제6조에도 불구하고 임대인은 임차인이 제6조제1항 전단의 기간 이내에 계약갱신을 요구할 경우 정당한 사유 없이 거절하지 못한다. 다만, 다음 각 호의 어느 하나에 해당하는 경우에는 그러하지 아니하다.

1. 임차인이 2기의 차임액에 해당하는 금액에 이르도록 차임을 연체한 사실이 있는 경우
2. 임차인이 거짓이나 그 밖의 부정한 방법으로 임차한 경우
3. 서로 합의하여 임대인이 임차인에게 상당한 보상을 제공한 경우
4. 임차인이 임대인의 동의 없이 목적 주택의 전부 또는 일부를 전대(轉貸)한 경우
5. 임차인이 임차한 주택의 전부 또는 일부를 고의나 중대한 과실로 파손한 경우

6. 임차한 주택의 전부 또는 일부가 멸실되어 임대차의 목적을 달성하지 못할 경우

7. 임대인이 다음 각 목의 어느 하나에 해당하는 사유로 목적 주택의 전부 또는 대부분을 철거하거나 재건축하기 위하여 목적 주택의 점유를 회복할 필요가 있는 경우

가. 임대차계약 체결 당시 공사시기 및 소요기간 등을 포함한 철거 또는 재건축 계획을 임차인에게 구체적으로 고지하고 그 계획에 따르는 경우

나. 건물이 노후·훼손 또는 일부 멸실되는 등 안전사고의 우려가 있는 경우

다. 다른 법령에 따라 철거 또는 재건축이 이루어지는 경우

8. 임대인(임대인의 직계존속·직계비속을 포함한다)이 목적 주택에 실제 거주하려는 경우

9. 그 밖에 임차인이 임차인으로서의 의무를 현저히 위반하거나 임대차를 계속하기 어려운 중대한 사유가 있는 경우

② 임차인은 제1항에 따른 계약갱신요구권을 1회에 한하여 행사할 수 있다. 이 경우 갱신되는 임대차의 존속기간은 2년으로 본다.

③ 갱신되는 임대차는 전 임대차와 동일한 조건으로 다시 계약된 것으로 본다. 다만, 차임과 보증금은 제7조의 범위에서 증감할 수 있다.

〈전세보증금 인상폭 제한〉

주택임대차보호법 제7조(차임 등의 증감청구권) ① 당사자는 약정한 차임이나 보증금이 임차주택에 관한 조세, 공과금, 그 밖의 부담의 증감이나 경제사정의 변동으로 인하여 적절하지 아니하게 된 때에는 장래에 대하여 그 증감을 청구할 수 있다. 이 경우 증액청구는 임대차계약 또는 약정한 차임이나 보증금의 증액이 있은 후 1년 이내에는 하지 못한다. 〈개정 2020. 7. 31.〉

② 제1항에 따른 증액청구는 약정한 차임이나 보증금의 20분의 1의 금액을 초과하지 못한다. 다만, 특별시·광역시·특별자치시·도 및 특별자치도는 관할 구역 내의 지역별 임대차 시장 여건 등을 고려하여 본문의 범위에서 증액청구의 상한을 조례로 달리 정할 수 있다. 〈신설 2020. 7. 31.〉

[전문개정 2008. 3. 21.]

주택임대차보호법 제7조의2(월차임 전환 시 산정률의 제한) 보증금의 전부 또는 일부를 월 단위의 차임으로 전환하는 경우에는 그 전환되는 금액에 다음 각 호 중 낮은 비율을 곱한 월차임(月借賃)의 범위를 초과할 수 없다. 〈개정 2010. 5. 17., 2013. 8. 13., 2016. 5. 29.〉

1. 「은행법」에 따른 은행에서 적용하는 대출금리와 해당 지역의 경제 여건 등을 고려하여 대통령령으로 정하는 비율
2. 한국은행에서 공시한 기준금리에 대통령령으로 정하는 이율을 더한 비율

[전문개정 2008. 3. 21.]

상식적으로 행사가 유리한 갱신청구권

2년 후 돌아오는 만기는 계약을 연장하여 합계 4년을 거주하는 것이 상식적으로 유리합니다. 살고있는 집에 특별한 불만이 없고, 불만이 있더라도 참을 수 있는 사소한 수준이라면 갱신청구권을 행사하여 임차계약을 연장하는 게 임차인에게 유리합니다. 법에서 임차인에게 부여한 권리이며 갱신 시 보증금 인상률은 최대 5%입니다. 이사 비용을 살펴봅니다. 옮길 집을 구하는 중개비 150만 원(보증금 4억 가정, 4억 원의 0.4%), 이사비 100만 원, 기타 비용(직장인이라면 휴가 보상비, 자영업자라면 휴업 손실) 등 대략 300만 원 정도가 지출됩니다. 이 금액보다는 보증금을 5% 인상하였을 때 기회비용 또는 인상 보증금을 월세로 전환했을 때 2년간 부담하게 될 월세가 더 저렴합니다.

보증금 인상 금액 2,000만 원(4억 원의 5% 인상 금액)을 연 4% 이율로 대출 받았다고 가정하면 연간 80만 원이며, 2년 동안 부담액은 160만 원 정도입니다. 인상 보증금을 월세로 전환하면 증가 금액은 연간 100만 원(2,000만 원×월세 전환율 5%), 2년 합계액은 200만 원(월세 83,000만 원 정도)입니다. 갱신청구권 행사와 보증금 5% 인상이 임차인에게 더 유리합니다. 보증금이 4억을 초과하더라도 결과는 거의 동일합니다. 전세 금액에 비례하여 중개비도 증가하므로 그 효과는 같다고 할 수 있습니다.

임차인의 갱신청구 및 임대인의 대응

임차인은 만기 6개월 이내에서 2개월 사이 임대인이 계약갱신을 요청하였다는 사실(임대인이 실입주를 이유로 이를 거절하였다면 그 내용 포함)을 증빙으로 남겨두어야 합니다. 전화 통화는 그 내용이 기록되지 않으니 문자나 카카오톡으로 증빙을 남깁니다(개인적으로 증거 마련을 위해 내용증명까지 필요하지는 않다고 생각합니다).

임대인은 임대차기간 종료 2개월 전까지 수용 여부 등을 회신하지 않으면 임차인의 갱신청구를 수용한 것으로 간주하므로 다른 계획이 있다면 거절의 뜻을 표시하여야 합니다.

〈임대차계약 갱신〉

주택임대차보호법 제6조(계약의 갱신) ① 임대인이 임대차기간이 끝나기 6개월 전부터 2개월 전까지의 기간에 임차인에게 갱신거절(更新拒絶)의 통지를 하지 아니하거나 계약조건을 변경하지 아니하면 갱신하지 아니한다는 뜻의 통지를 하지 아니한 경우에는 그 기간이 끝난 때에 전 임대차와 동일한 조건으로 다시 임대차한 것으로 본다. 임차인이 임대차기간이 끝나기 2개월 전까지 통지하지 아니한 경우에도 또한 같다.

임대인의 갱신 거절 사유

임차인이 주택임차계약의 갱신을 요청하였음에도 임대인이 실입주를 이유로 거절하면 그 결과가 어떨지 궁금하실 겁니다.

〈임대인 측 실입주 이유로 갱신 거절〉

주택임대차보호법 제6조의3(계약갱신 요구 등) ① 제6조에도 불구하고 임대인은 임차인이 제6조제1항 전단의 기간 이내에 계약갱신을 요구할 경우 정당한 사유 없이 거절하지 못한다. 다만, 다음 각 호의 어느 하나에 해당하는 경우에는 그러하지 아니하다.

8. 임대인(임대인의 직계존속·직계비속을 포함한다)이 목적 주택에 실제 거주하려는 경우

임차인은 4년의 계약 기간을 예상하고 계획을 세웠고, 평소 임대료를 성실히 납부하고 임대인과 최대한 원만하게 지내왔으며, 임대인이 입주할 계획을 들어본 적이 없는 상황입니다. 임대인이 실제 입주를 한다고 계약갱신을 거절한다면 기존 계약 만기 시점에 임대인이 거짓말을 한다고 밝힐 수도 없으니 답답하겠네요. 현실적으로 임대인의 마음을 돌리기는 어렵습니다. 그리고 임대인은 본인의 실

입주 사유를 증명할 필요가 없습니다. 즉 임차인은 계약 연장을 주장할 수 없으므로 이사해야 합니다.

"우리가 입주할 예정이에요." (임대인 본인)
"우리 딸이 올 거예요." (임대인의 직계비속)
"아버님 병원에 다녀야 해서 이사합니다." (존속)

〈임대인 측 실입주의 구체적인 사례〉

실제 거주하려는 경우는 계약갱신을 거절한 때를 기준으로 판단합니다. 임대인이 기존에 해오던 말을 바꿨거나 거짓말로 의심이 되더라도 임대인은 자기의 말이 진심임을 따로 증명할 필요가 없습니다. 계약갱신을 거절할 당시의 임대인이 실거주를 이유로 갱신을 거절한다는 의사를 표명하면 충분합니다. 최근의 하급심에서는 임차인이 임대인의 말을 믿지 못하겠다고 하여 계약갱신의 계속 주장에 대해 임대인이 '실입주 계획을 따로 증명하지 않아도 된다'는 결론을 내렸습니다.

갱신청구가 거절되는 경우 임차인 대응법

임대인이 실거주를 이유로 갱신을 거절하면 임차인은 이를 수용하되, 갱신청구 요청을 했으나 임대인이 거절하였다는 증빙을 남겨야 합니다. 임대인의 거짓말이 들통날 경우 손해배상청구소송 제기가 가능하기 때문입니다. 계약갱신 거절 당시 임대인은 자신의 입주 계획을 증명할 필요가 없으므로 현실적으로 이사는 불가피합니다. 그 이후 임대인 측에서 실입주를 하지 않거나 주택을 매각 또는 새로운 임차인을 구하려고 중개소에 임대 의뢰를 하였다는 사정이 밝혀지면 손해배상을 받는 방법으로 구제받게 됩니다.

즉 임대인이 거주할 의사가 없음에도 계약갱신을 거절하기 위한 수단으로 거짓말을 한 경우라도 임차인은 계약연장을 할 수 없으며, 계약갱신권 침해를 이유로 손해배상청구소송으로 해결할 수밖에 없습니다.

임대인의 거짓말에 대해 손해배상청구 가능

언론이나 일부 인터넷 카페에서는 임차인의 이사비(대략 500만 원 수준)만 지급하면 임차인 퇴거를 종료할 수 있다고 하지만 해당 규정 해석에 따르면 임대인이 물어야 할 손해배상액은 훨씬 더 클 수 있습니다.

임대인이 배상할 금액을 정한 조항은 다음과 같습니다.

〈임대인이 배상할 금액〉

주택임대차보호법 제6조의3제6항 ⑥ 제5항에 따른 손해배상액은 거절 당시 당사자 간에 손해배상액의 예정에 관한 합의가 이루어지지 않는 한 다음 각 호의 금액 중 큰 금액으로 한다.
1. 갱신 거절 당시 월차임(차임 외에 보증금이 있는 경우에는 그 보증금을 제7조의2 각 호 중 낮은 비율에 따라 월 단위의 차임으로 전환한 금액을 포함한다. 이하 "환산월차임"이라 한다)의 3개월분에 해당하는 금액
2. 임대인이 제3자에게 임대하여 얻은 환산월차임과 갱신 거절 당시 환산월차임 간 차액의 2년분에 해당하는 금액
3. 제1항제8호의 사유로 인한 갱신 거절로 인하여 임차인이 입은 손해액
[본조신설 2020. 7. 31.]

1호	환산월차임의 3개월분 해당 금액(월세+보증금의 월 환산금액)	가장 큰 금액을 배상해야 함
2호	새 계약의 환산월차임과 갱신 거절 당시의 환산월차임 차액의 2년분 해당 금액	
3호	갱신 거절로 임차인이 입은 손해는 실무적으로 '이사 비용 일체'로 해석	

*보증금의 환산월차임=보증금×환산이율/12개월

구체적인 예시를 살펴봅니다.

1호	1개월 환산월차임×3개월 *1개월 환산월차임 167만 원 (4억 원×환산이율/12개월) *환산이율 5%(2022년 10월 17일 기준)	500만 원 (167만 원×3개월)
3호	이사비, 중개비, 에어컨 이전 및 재설치 등 실비	500만 원
2호	새로운 세입자를 구하여 보증금 2억 원을 인상한 경우(=인상 보증금의 증가된 환산월차임의 2년분) *월환산차임(증가보증금 200,000,000원×환산이율/12개월)	2,000만 원 (차액분×24개월)
	새로운 세입자를 구하여 보증금 1억 원, 월세 100만 원으로 전환한 경우(=월환산차임이 135만 원으로 증가된 차임 없음)	0원
	새로운 세입자를 구하여 보증금 1억 원, 월세를 150만 원으로 전환한 경우 월환산차임은 185만 원(=월세 150만 원+보증금 1억 원의 월 환산금액 41만 원) 환산월차임 차액 24만 원 (191만 원 - 167만 원)	576만 원 (차액분 24만 원×24개월)

위의 사례에서 임대인의 거짓말의 대가는 최소 500만 원(이사 실비)에서 시작하여 새로운 임차계약의 조건에 따로 최대 2,000만 원까지 확대될 수 있습니다. 해당 규정은 1, 2, 3호 평가액 중 가장 큰 금액을 물도록 하였기 때문입니다. 국토부 분쟁사례에서는 '에어컨 이전 및 재설치' 등

임대인의 갱신 거절이 아니더라도 이후 소요될 비용도 임차인의 손해로 인정하였습니다. 한편 새로운 임차인을 받으면서 임대인이 얻게 되는 2년의 최대이익(위 사례에서는 보증금 2억 원의 환산월차임 차액 2년치 2,000만 원)은 임차인이 창출하였거나 현실적으로 입은 손해가 아님에도 불구하고 임대인에게 청구할 수 있습니다. 그만큼 임차인의 갱신청구권을 두텁게 보호하겠다는 입법자의 의도가 반영된 결과라고 생각합니다.

임대인의 거짓말을 확인하는 간단한 방법: 임차인의 확정일자 조회 권한 부여

임차인은 임대인의 임대인 '실입주 거주' 요청이 미덥지 않더라도 이를 수용할 수밖에 없습니다. 실입주 계획을 밝힐 필요 없이 의사만 밝히면 충분하고, 사생활에 가까운 임대인 측의 사정을 캐묻기도 어려우며, 마음을 돌리려는 설득 또한 사실상 불가능하기 때문입니다. 임차인은 최대 2년(계약갱신 요구가 거절되지 않았으면 임차하였을 기간) 동안 언제든 과거 임대차계약서를 지참하여 주소지의 주민센터로 가면 해당 주소지에 새로운 임차인이 입주하였는지 여부 등을 확인할 수 있습니다.

〈정보제공 요청 권한 및 정보의 범위〉

주택임대차보호법 시행령 제5조(주택의 임대차에 이해관계가 있는 자의 범위) 법 제3조의6제3항에 따라 정보제공을 요청할 수 있는 주택의 임대차에 이해관계가 있는 자(이하 "이해관계인"이라 한다)는 다음 각 호의 어느 하나에 해당하는 자로 한다. 〈개정 2020. 9. 29.〉

1. 해당 주택의 임대인·임차인
2. 해당 주택의 소유자
3. 해당 주택 또는 그 대지의 등기기록에 기록된 권리자 중 법무부령으로 정하는 자
4. 법 제3조의2제7항에 따라 우선변제권을 승계한 금융기관
5. 법 제6조의3제1항제8호의 사유로 계약의 갱신이 거절된 임대차계약의 임차인이었던 자
6. 제1호부터 제5호까지의 규정에 준하는 지위 또는 권리를 가지는 자로서 법무부령으로 정하는 자

[본조신설 2013. 12. 30.]
[종전 제5조는 제12조로 이동 〈2013. 12. 30.〉]

주택임대차보호법 시행령 제6조(요청할 수 있는 정보의 범위 및 제공방법) ① 제5조제1호 또는 제5호에 해당하는 자는 법 제3조의6제3항에 따라 확정일자 부여기관에 해당 임대차계약(제5조제5호에 해당하는 자의 경우에는 갱신요구가 거절되지 않았더라면 갱신되었을 기간 중에 존속하는 임대차계약을 말한다)에 관한 다음 각 호의 사항의 열람 또는 그 내용을 기록한 서면의 교부를 요청할 수 있다. 〈개정 2020. 9. 29.〉

1. 임대차목적물

2. 임대인·임차인의 인적사항(제5조제5호에 해당하는 자는 임대인·임차인의 성명, 법인명 또는 단체명으로 한정한다)

3. 확정일자 부여일

4. 차임·보증금

5. 임대차기간

② 제5조제2호부터 제4호까지 또는 제6호의 어느 하나에 해당하는 자이거나 임대차계약을 체결하려는 자는 법 제3조의6제3항 또는 제4항에 따라 확정일자 부여기관에 다음 각 호의 사항의 열람 또는 그 내용을 기록한 서면의 교부를 요청할 수 있다. 〈개정 2020. 9. 29.〉

1. 임대차목적물

2. 확정일자 부여일

3. 차임·보증금

4. 임대차기간

③ 제1항 및 제2항에서 규정한 사항 외에 정보제공 요청에 필요한 사항은 법무부령으로 정한다.

[본조신설 2013. 12. 30.]

[종전 제6조는 제13조로 이동 〈2013. 12. 30.〉]

주택임대차보호법 시행령 제5조와 제6조를 통해 임차인은 해당 주소지에 새로운 확정일자 발급 여부, 임대인, 임차인 인적사항, 차임, 보증금, 임대차 기간의 정보를 파악할 수 있습니다. 앞에서 살핀 제2호의 전후 임차계약의 월 환산액의 24개월분 차액을 계산할 수 있게 됩니다. 손해배상 청구소송을 제기하면 간단하게 승소할 수 있습니다.

이상으로 갱신청구권 조항, 실입주 이유 갱신 거절, 손해배상청구 조항을 차례로 살펴보았습니다. 임차권을 안정적으로 보장하면서 동시에 임대인이 주택을 자유롭게 사용할 수 있도록 양자 사이의 이익 균형을 맞춘 것으로 평가됩니다.

갱신청구권 침해를 대비하기 위해 임대인이 얻은 이득이 임차인의 실비보다 클 경우에도 얻은 이득 전부를 임차인의 손해로 보아 임차인에게 배상의무를 정하였습니다.

임대차계약 만기를 앞두고 임차인이 갱신청구권을 행사하면 임대인과 임차인 모두 본의 아니게 서로 '눈치 게임'을 하게 됩니다. 하지만 임대인이 '실입주 사유'가 없음에도 이를 이유로 갱신을 거절하지 않는다면 복잡한 상황이 전개되지는 않습니다.

주택 매수인의 실입주를 이유로 갱신청구를 거절할 수 있을까?

흥미로운 하급심 판례[수원지방법원 2021. 3. 11. 선고 2020가단 569230 판결(건물인도)]를 소개합니다. 이 사건에서는 임대인이 아닌 주택 매수인의 실입주가 임차인의 갱신청구의 거절 사유가 되는지 여부가 다루어졌습니다. 즉 임대차기간은 2019. 2. 22~2021. 2. 21인데, 매매계약은 2020. 8. 11(만기까지 6개월 10일 전)에 체결되고, 소유권이전등기는 2020. 11. 12(만기까지 3개월 10일 전)에 경료되었습니다. 임차인은 2020. 9. 20(만기까지 5개월 전)쯤에 임대인을 상대로 계약갱신을 청구하였습니다. 매수자가 자신의 실제 거주를 이유로 명도청구를 구한 사건입니다.

만기 6개월 10일 전: 매매계약 체결 (임대인과 매수인)
만기 5개월 전: 임차인이 임대인에게 갱신청구권 행사
만기 3개월 10일 전: 매매계약에 기한 소유권이전등기 완료
만기 임박: 매수자가 임차인을 상대로 건물명도청구

〈시간 순서로 요약〉

오해의 소지를 없애기 위해 법원 판결문의 사실관계를 상세히 언급합니다. 참고로 원고 1, 2는 매수인(부부), 피고는 임차인, 소외 1, 2는 매도인(부부)입니다. 매수인인 원고 1, 2가 임차인인 피고에게 주택의 명도를 구하였습니다.

〈사건 사실 관계〉

가. 피고는 2019. 2. 19 소외 1, 소외 2로부터 별지 목록 기재 부동산(이하 '이 사건 부동산'이라고 한다)을 임대차보증금 305,000,000원, 기간 2019. 2. 22부터 2021. 2. 21까지로 정하여 임차하였다(이하 '이 사건 임대차계약'이라고 한다).
나. 원고들은 2020. 8. 11 소외 1, 소외 2와 이 사건 부동산에 관하여 매매계약을 체결하고(이하 '이 사건 매매계약'이라고 한다), 2020. 11. 12 위 부동산 중 각 1/2 지분에 관하여 소유권이전등기를 마쳤다.
다. 피고는 2020. 9. 20 소외 1, 소외 2 측에게 '알아보니 전세 계약 갱신청구가 가능하다고 한다. 형편이 여의치 않아 전세 계약을 연장했으면 한다'는 내용의 문자를 보냈고, 소외 1, 소외 2 측은 '매매계약이 되었으니 새 주인과의 관계다. 매수인(원고들)이 세입자(피고)가 안 나간다고 해서 많이 당황스러워한다. 계약체결하고 저녁에 전화할 때 만기 전 집을 알아본다고 해서 나가는 줄 알고 있었는데, 매수인이 꼭 이사 와야 하는 형편인 듯하니 다시 한번 생각해달라'는 내용의 답문을 보냈다. 피고는 다시 '사정은 이해하지만 우리도 사정이 아주 어렵다. 그래서 계약갱신청구권을 행사한 것이다'라고 문자를 보냈다.
라. 원고들은 2020. 10. 23 및 같은 해 11. 13 피고에게 '피고가 임대차기간 만기가 되면 이사할 것이라는 의사를 통지하였고, 원고들이 실제로 거주할 것이므로 피고의 계약갱신청구를 거절한다'라는 취지로 내용증명을 보냈다.

세부적인 사항에 대한 법원의 판단을 살펴보겠습니다.

〈법원의 판단〉

법원은 임차인의 계약갱신청구가 유효하다고 인정하였습니다. 세부적으로 매매계약을 체결한 2020. 8. 11 당시 임대인과 임차인의 통화(임대인이 주택을 매매계약을 체결하였다고 알림, 임차인이 엉겁결에 대답한 것 같음?)만으로 임차인이 갱신청구를 하지 않겠다는 신뢰를 줬다고 인정하기 어렵다고 했습니다.
살피건대, 임차인의 계약갱신요구권(제6조의3)이 신설된 주택임대차보호법(2020. 7. 31. 법률 제17470호로 개정된 것)은 2020. 7. 31 시행되었고, 해당 조항은 위 법 시행 당시 존속 중인 임대차에 대하여도 적용되는 점(부칙 제2조), 원고들의 매매계약 체결일은 2020. 8. 11로 위 법이 시행된 지 얼마 지나지 아니한 시점이었고 피고의 계약갱신 요구가 가능한 시기 이전이었던 점 등의 사정에 비추어 보면, 원고들 제출 증거들만으로는 피고가 자신이 계약갱신 요구권을 취득하여 행사할 수 있음을 인지하고도 계약 만료일에 퇴거하기로 상대방과 합의하여 원고들에게 신뢰를 부여하였다고 보기 부족합니다. 또한 이러한 상태에서의 임차인이 계약갱신요구권을 행사하지 않기로 하는 사전 약정은 법에 따라 임차인에게 인정되는 권리를 배제하는 임차인에게 불리한 약정이므로 주택임대차보호법 제10조에 의해 효력이 없다고 판단하였습니다.

판례의 의미는 다음과 같습니다. 점유와 주민등록을 한 임차인에게는 대항력이 인정됩니다. 즉 임차인은 임대인에게 주장할 수 있는 사유(계약갱신 등)가 있다면 이를 가지고 매수자에게 대항할 수 있습니다.

법원은 임차인이 기존 임대인에게 한 계약갱신청구가 정당하다고 보았으므로 이 사건의 매수인은 계약갱신의 효력이 임대인에게 이미 발생한 상태의 주택을 취득한 셈이 되어, 임차인은 계약갱신을 이유로 매수자의 명도청구를 물리칠 수 있었습니다.

법은 임차인의 계약갱신청구권의 거절 주체를 '임대인(직계비속 등 포함)의 실거주'에 한정하고 있습니다. 계약갱신청구권 행사 당시 매수인은 매매계약을 체결하였을 뿐 소유권을 취득한 상태가 아니므로 임대인이 아닙니다. 갱신청구권 행사 당시 소유자가 아닌 매매계약 체결만 한 매수자의 실거주 사용은 갱신 거절 사유에 해당하지 않는다는 점을 확인한 판결입니다.

매수인이 주택을 매수하면서 실입주하는 방법

앞선 판례에서는 주택 매수인의 실거주 사유는 갱신 거절 사유에 해당되지 않았고 결국 매수인은 임차인을 상대로 하는 명도청구소송에서 패소하였습니다.

만기 6개월 10일 전: 매매계약 체결(임대인과 매수인)
만기 5개월 전: 임차인이 임대인에게 갱신청구권 행사
만기 3개월 10일 전: 매매계약에 기한 소유권이전등기 완료
만기 임박: 매수자가 임차인을 상대로 건물명도청구(매수자 패소)

〈매수자의 지위〉

만약 주택의 임대인과 매수인이 매매계약 체결과 동시에 소유권이전등기를 하였다면 매수자가 소유자의 지위를 취득하므로 임차인의 갱신청구권 행사에 대해 실입주를 이유로 갱신요청을 거절할 수 있었습니다.

물론 잔금 등 경제적인 준비가 완료되지 않았지만 당사자 합의에 따라 잔금을 모두 치르지 않아도 소유권이전등기 신청은 가능하므로, 잔금을 치르지 않을 경우 매매계약을 취소할 수 있다는 특약을 넣어 이를 가등기해 놓으면 됩니다.

매수인이 약정일에 잔금을 지급하지 않으면 매도인은 매매계약을 취소하고 매수인이 비용으로 소유권을 되찾아 올 수 있습니다. 계약이 취소될 경우 매수인이 물어야

할 배상액과 제반 비용을 매수인이 부담한다는 특약을 마련하면 됩니다.

만기 6개월 10일 전: 매매계약 체결, 소유권이전등기(매수인이 소유자가 됨) 및 가등기
만기 5개월 전: 임차인의 갱신청구를 실입주를 이유로 거절 가능
만기 3개월 10일 전: 매수인의 매매 잔금 미지급 시 소유권 회복(가등기)

〈선 소유권이전등기 완료 및 가등기 경료 시 매수자 실입주 가능〉

또 다른 방법은 임대인(또는 매수인)이 갱신청구권을 행사한 임차인과 갱신청구 대신 이사 비용 등을 지급하고 합의하는 방법입니다. 이러한 합의는 임차인에게 인정되는 권리를 배제하는 임차인에게 불리한 약정이 아니라 임차인에게 인정되는 권리에 대해 합의한 것이므로 유효한 합의가 될 수 있습니다.

건물을 매각할 임대인은 사전에 임차인과 충분히 협의하고 갱신청구권 행사 여부를 파악해서 불가피한 경우 임차인과 적정한 이사 금액을 합의한다면 이와 같은 분쟁은 사전에 방지할 수 있습니다.

주택임대차분쟁 조정 사례

주택임대차분쟁은 신속한 해결이 중요

임차인이 퇴거하면서, 임대인이 임대차보증금을 반환하면 주택임대차계약은 무사히 종료됩니다. 보통은 새로운 세입자가 입주하면서 임대차보증금 잔액을 지급하면, 이를 받아 기존 임차인에게 반환합니다.

기존 임차인 퇴거와 임대인의 보증금 반환은 '동시이행의 관계'입니다. 그리고 새로운 세입자의 입주와 보증금 지급 또한 동시이행 관계입니다.

주택임대차분쟁 중 보증금 반환 지체가 차지하는 비중이 가장 높습니다. 임차계약의 만료를 앞두고 임대인이 보증금 반환을 거부하거나 약속된 날짜에 반환하지 않고 시간을 지체하는 사례가 제법 많다는 뜻입니다.

임대인이 보증금 반환을 지체하여도 임차인이 즉각적으로 조치를 취하기란 쉽지 않습니다. 좋은 게 좋은 거라는 마음도 있고, 임대인의 조금 기다려 달라는 부탁을 단호하게 거절하는 것이 어렵기도 합니다. 새로운 입주자가 구해질 때까지 당분간 기다려 달라는 말을 믿는 것 외에는 달리 뾰족한 대안이 없기도 합니다.

적지 않은 임차보증금을 최대한 빠른 시간 내에 감정을 상하지 않고 돌려받을 수 있는 실전 노하우가 중요합니다.

소송 등의 방법으로 임차보증금을 돌려받으려면 임차권등기명령, 임차보증금반환청구소송, 강제집행(전세권에 기초한 임의 경매 실행은 선행 절차 없이 바로 실행 가능)을 순차적으로 진행해야 합니다. 만약 임대인이 조정에 응할 진지한 의사가 있다면 국토교통부가 주관하는 주택임대차분쟁신청 절차를 통해 사건을 신속히 마무리할 수 있습니다.

실무적으로 주택임차의 경우 월 임차료가 있느냐 없느냐의 차이를 제외하면 임차와 전세의 구분은 거의 없습니다. 임차보증금과 전세보증금이 같은 뜻으로 사용되고, 임차인과 전세권자의 법률적 지위는 거의 동일합니다.

국토교통부의 주택임대차분쟁신청 절차

국토교통부가 주관하는 주택임대차분쟁신청 절차(조정신청)를 소개합니다.

- 조정대상: 보증금 또는 임차주택 반환 등
- 수수료: 1만 원~최대 10만 원

- 조정성립: 조정안을 통지받은 날부터 14일 이내에 서면으로 수락 의사를 표시하지 않는 경우 조정을 거부한 것으로 봄
- 담당 기관: 대한법률구조공단, 서울시 등
- 신청방법: 온라인 신청(https://www.hldcc.or.kr), 우편 및 팩스 접수 가능
- 신청서류: 신분증, 주민등록초본, 등기부등본, 임대차계약서, 건축물대장
- 효과: 조정 성립 시 민사상 합의로써 효력이 있음

나아가 각 당사자 간에 금전, 그 밖에 대체물의 지급 또는 부동산의 인도에 관하여 강제집행을 승낙하는 취지의 내용이 기재된 조정서의 정본은 민사집행법 제56조에도 불구하고 집행력 있는 집행권원과 같은 효력을 가집니다.

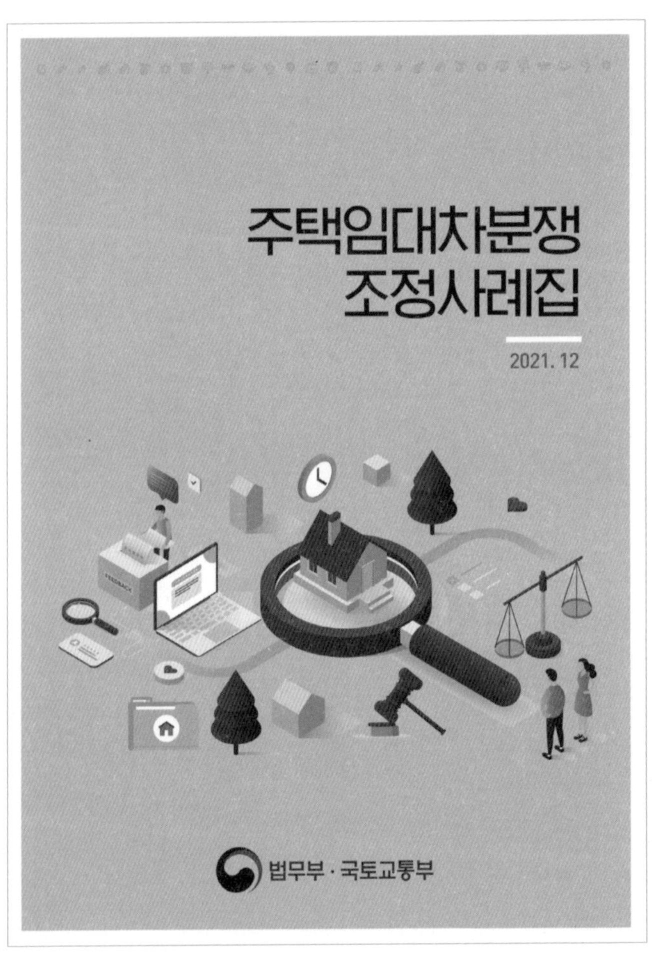

〈주택임대차분쟁 조정사례집 2021. 12〉

Ⅵ 신청서 작성례

[별지 제9호 서식]

■ 주택임대차분쟁조정위원회 운영 및 사무 처리에 관한 요강 시행세칙 [별지 제9호 서식]

주택임대차분쟁조정신청서

※ 뒤쪽의 작성방법을 읽고 작성하시기 바랍니다. (전면)

사건번호 2021주택조정K10		접수일 2021.03.02.	처리기간 60일 이내 (30일 연장가능)	
신 청 인	성명		생년월일 (법인번호)	1990.5.25
	주소	경상북도 포항시 북구 행복로		(전화번호: 054-123-4567) (휴대전화번호: 010-1234-5678) (전자우편주소: water@daum.net)
	송달장소	경상북도 포항시 북구 회사로		
대표자 또는 대리인	성명	나엄마	생년월일 (법인번호)	1960.12.07
	주소	경상북도 포항시 남구 희망로		(전화번호: 054-234-5678) (휴대전화번호: 010-4567-8910) (전자우편주소: mom@daum.net)
피신청인	성명		생년월일 (법인번호)	1970.9.20
	주소	경상북도 포항시 남구 사랑로		(전화번호: 054-123-1234) (휴대전화번호: 010-1122-3344)
신청의 취지 (신청금액)	피신청인은 신청인에게 118,000,000원을 지급하라.			
신청의 이유 (분쟁의 내용)	임대인이 나머지 보증금을 반환하지 않고 있으므로 "잔여보증금의 반환 및 연체 이자, 정신적 손해 배상금 모두를 합한 118,000,000원을 지급하라"는 내용의 조정을 구합니다. (필요시 뒤쪽이나 별지를 사용할 수 있습니다)			
증거서류 또는 증거물	임대차계약서, 이체내역서, 내용증명 등			

「주택임대차보호법」 제21조제1항, 같은 법 시행령 제30조제1항에 따라 위와 같이 조정을 신청합니다.

2021년 3월 2일

신청인 김철수 (서명 또는 철)

한국부동산원 경북 주택임대차분쟁조정위원회 귀중

접수처리	신정수수료	(인)	결 재	조사관	심사관	사무국장		담당직원	
	수 납	(인)						조사관	심사관
	면 제	(대상자) (인)							
	보정권고								

210㎜×297㎜(백상지 80g/㎡)

87

Ⅵ 신청서 작성례

〈신청서 작성 예시〉

신청서 작성 예시를 참조하여 주택임대차분쟁조정신청서의 빈 곳을 채웁니다. 조정위원이 참여하여 당사자의 진술을 듣는 절차가 있기 때문에 신청인, 피신청인, 신청의 취지 등을 간략히 기록해도 됩니다. 지역 사회의 체면, 평판 유지를 위해 임대인은 조정에 응하는 것 같습니다. 부수적으로 제3자 제공 동의서 작성 등이 필요하지만 전반적으로 작성 자체가 어렵지는 않습니다.

임대인이 보증금 전체를 반환할 수 없거나 일부를 미반환한 케이스에서 임차인과 임대인이 모두 만족할 만한 수준의 창의적인 합의안을 도출한 사례도 발견됩니다. 10만 원 이내의 저렴한 비용, 신속한 처리, 지역 조정위원의 적극적인 참여로 소송보다 원만한 해결이 가능합니다.

보증금 반환 사례

사례 1: 임대인에게 자금을 마련할 시간을 주고, 판결과 같은 효력이 있는 제소전화해 조서를 작성했습니다.

> **※ 보증금 반환에 관한 조정 사례**
>
> **① 임대인이 계약만료일 보증금을 반환할 수 없어 보증금 반환일자를 연기하고 그 기간 동안 임차인의 계속 거주를 인정한 사례**
>
> - (**사실관계**) 임대인이 자신의 경제사정이 어렵다는 이유로 계약만료일 보증금 반환할 수 없음을 주장
> - (**조정**) 임대인의 보증금 반환일자를 늦추되, 그 기간 동안 임차인이 계속 거주하는 것으로 하고 **연기된 반환일자**에 보증금을 반환하지 않을 경우 **강제집행** 승낙하는 것으로 조정

〈분쟁 사례집 1〉

사례 2: 일부 미지급 보증금에 대해 지연 이자를 부과하고, 분할상환까지 약속하였으며 지연손해금 및 강제집행 승낙까지 했습니다. 전세가격이 하락하여, 신규 임차인으로부터 받은 보증금으로 기존 임차인의 보증금을 모두 반환하지 못하는 상황을 차액 미지급금을 분할상환하고, 지연 이자를 부과하는 방법으로 해결하였습니다.

② 임대인이 합의해지 후 퇴거한 임차인에게 보증금을 일부 미반환하여 미반환 보증금에 대해 분할상환 및 지연이자를 지급하도록 한 사례

- (**사실관계**) 임대인이 제3자인 신규 임차인과 낮은 액수로 계약하여 보증금 마련이 어렵다며 보증금을 일부 반환하지 않음
- (**조정**) **합의해지일 이후** 미반환 보증금에 대한 **지연이자** 지급, **미반환 보증금**을 **분할상환**하고 이를 **연체**할 경우 **지연손해금** 및 **강제집행** 승낙하는 것으로 조정

〈분쟁 사례집 2〉

분쟁조정위원회는 지역 사회의 구성원들이 임대인과 임차인의 분쟁을 조정해 주는 제도입니다. 신청비용이 저렴하고, 신속하게 끝나는 장점이 있으나 한쪽 당사자가 거부하면 효력이 없는 단점이 있습니다. 임대인이 그나마 성실하게 임할 때 효과를 발휘할 수 있으며 절차 도중 일방이 참여를 거부하거나 조정안을 수용하겠다는 의사를 표명하지 않으면 절차가 종료됩니다.

임대차계약 갱신(및 종료) 사례

보증금 반환 다음으로 많은 분쟁은 임대차계약 갱신(및 종료)과 관련된 사례입니다. 임대인의 계약갱신 거절이 정당하다고 인정한 사례는 다음과 같습니다.

사례 1: 2기의 차임액에 해당하는 월세를 연체한 사실이 있는 경우(2기 차임액에 해당하는 월세를 연체한 이력이 그 사유가 해소되었다고 하더라도 갱신 거절이 인정됨)

사례 2: 임대인이 자신이 현재 거주하고 있는 주택에서 갱신 거절 당한 내역을 증빙하여 임대인의 갱신 거절이 정당한 것으로 인정(임대인이 실제 거주하려는 경우)

사례 3: 임대인이 자신의 직장 출퇴근, 가족의 병간호를 이유로 한 갱신 거절 사유를 소명(임차인에게 실거주 사유를 알리기를 원하지 않아 오해가 있었던 상황이었음이 추후 밝혀짐)

사례 4: 최근 주택 가압류 등으로 사정이 좋지 않아 같이 살던 자녀가 이 사건 주택에 실거주하고자 한 경우

반면 갱신 거절의 정당한 이유가 부정된 사례도 있습니다. 임대인의 주의가 필요해 보입니다.

사례 1: 임차인의 계약갱신 요구 당시의 종전 임대인에게 실거주 사유가 없어 계약을 갱신한 것으로 인정(종전 임대인의 실거주 사유가 없는 상태에서 부동산을 매매한 사례입니다. 앞에서 소개한 하급심 판례와 유사합니다.)

사례 2: 임대인이 실거주를 이유로 임차인의 갱신요구를 거절하고 이에 임차인이 퇴거하였으나, 이후 주택이 부동산에 임대 매물로 올라온 것이 확인되어 임대인의 손해배상 의무를 인정(이사하였으므로 이사비, 에어컨 이전 설치 비용, 부동산 중개수수료를 임차인의 피해액으로 인정)

사례 3: 임대인이 실거주 갱신을 거절하여 임차인이 퇴거한 이후 임대인이 제3자에게 임대한 사실이 확인되어 임대인의 손해배상책임을 인정

사례 4: 개정 주택임대차보호법 시행(2020. 7. 31) 전에 임대인이 임차인과 계약갱신 여부 등에 대한 합의 없이 단순히 매매계약을 체결할 것임을 통지만 한 경우 갱신 거절의 정당성이 부정

조정 사례에 따르면 새로운 임차인이 들어오지 않고, 임대 매물만 올린 사실만으로 임대인의 손해를 인정하였습니다. 다만 신규 임차계약을 체결하였다고 볼 수는 없

으므로 (임대인이 얻은 2년 치 이득을 배상하지는 않고) 임차인이 입은 손실을 보상하는 수준에서 조정안이 성립되었을 것으로 짐작합니다.

국토교통부 작성 주택임대차표준계약서

법무부가 주도하고 국토교통부, 서울시 및 관련 전문가가 참여하고 민법, 주택임대차보호법, 공인중개사법 등 관계 법령을 두루 참조한 주택임대차표준계약서를 살펴봅니다. 표준계약서는 총 3장으로 2장의 계약서와 1장의 안내서로 이루어져 있으며(부동산 중개 현장에서 사용되는 계약서는 1장), 상세한 내용을 포함하고 있습니다.

첫 번째 장은 임대차 기본사항 외에 임대인의 미납 국세, 지방세 확인란, 선순위 확정일자 현황을 체크하고, 입주 전 수리 및 사용 중 발생하는 수리비의 분담을 협의할 수 있는 조항을 추가했습니다. 임대차계약 체결 시점에서 임대인의 국세 체납 여부를 체크하고, 기존 관행에 맡겨두었던 수리비 분담을 구체적으로 협의할 수 있도록 조치한 데 그 의미가 있습니다.

부록 주택임대차표준계약서

이 계약서는 법무부가 국토교통부·서울시 및 관련 전문가들과 함께 민법, 주택임대차보호법, 공인중개사법 등 관계법령에 근거하여 만들었습니다. 법의 보호를 받기 위해 【중요확인사항】(별지1)을 꼭 확인하시기 바랍니다.

주택임대차표준계약서

□ 보증금 있는 월세
□ 전세 □ 월세

임대인(　　　　　)과 임차인(　　　　　)은 아래와 같이 임대차 계약을 체결한다.

[임차주택의 표시]

소재지	(도로명주소)			
토 지	지목		면적	㎡
건 물	구조·용도		면적	㎡
임차할부분	상세주소가 있는 경우 동·층·호 정확히 기재		면적	㎡
계약의종류	□ 신규 계약		□ 합의에 의한 재계약	
	□ 「주택임대차보호법」 제6조의3의 계약갱신요구권 행사에 의한 갱신계약 * 갱신 전 임대차계약 기간 및 금액 계약 기간: . . . ~ . . . 보증금: 원, 차임: 월 원			

미납 국세·지방세	선순위 확정일자 현황	확정일자 부여란
□ 없음 (임대인 서명 또는 날인 ＿＿＿＿＿＿ ㊞) □ 있음(중개대상물 확인·설명서 제2쪽 Ⅱ. 개업공인중개사 세부 확인사항 '⑨ 실제 권리관계 또는 공시되지 않은 물건의 권리사항'에 기재)	□ 해당 없음 (임대인 서명 또는 날인 ＿＿＿＿＿＿ ㊞) □ 해당 있음(중개대상물 확인·설명서 제2쪽 Ⅱ. 개업공인중개사 세부 확인사항 '⑨ 실제 권리관계 또는 공시되지 않은 물건의 권리사항'에 기재)	※ 주택임대차계약서를 제출하고 임대차 신고의 접수를 완료한 경우에는 별도로 확정일자 부여를 신청할 필요가 없습니다.

[계약내용]

제1조(보증금과 차임) 위 부동산의 임대차에 관하여 임대인과 임차인은 합의에 의하여 보증금 및 차임을 아래와 같이 지불하기로 한다.

보증금	금 　　　원정(₩　　　)
계약금	금 　　　원정(₩　　　)은 계약시에 지불하고 영수함. 영수자 (　　　인)
중도금	금 　　　원정(₩　　　)은 ＿＿년 ＿＿월 ＿＿일에 지불하며
잔 금	금 　　　원정(₩　　　)은 ＿＿년 ＿＿월 ＿＿일에 지불한다
차임(월세)	금 　　　원정은 매월 　일에 지불한다(입금계좌:　　　)

제2조(임대차기간) 임대인은 임차주택을 임대차 목적대로 사용·수익할 수 있는 상태로 ＿＿년 ＿＿월 ＿＿일까지 임차인에게 인도하고, 임대차기간은 인도일로부터 ＿＿년 ＿＿월 ＿＿일까지로 한다.

제3조(입주 전 수리) 임대인과 임차인은 임차주택의 수리가 필요한 시설물 및 비용부담에 관하여 다음과 같이 합의한다.

수리 필요 시설	□ 없음 □ 있음(수리할 내용:　　　)
수리 완료 시기	□ 잔금지급 기일인 ＿＿년 ＿＿월 ＿＿일까지 □ 기타 (　　　)
약정한 수리 완료 시기까지 미 수리한 경우	□ 수리비를 임차인이 임대인에게 지급하여야 할 보증금 또는 차임에서 공제 □ 기타(　　　)

제4조(임차주택의 사용·관리·수선) ① 임차인은 임대인의 동의 없이 임차주택의 구조변경 및 전대나 임차권 양도를 할 수 없으며, 임대차 목적인 주거 이외의 용도로 사용할 수 없다.

② 임대인은 계약 존속 중 임차주택을 사용·수익에 필요한 상태로 유지하여야 하고, 임차인은 임대인이 임차주택의 보존에 필요한 행위를 하는 때 이를 거절하지 못한다.

③ 임대인과 임차인은 계약 존속 중에 발생하는 임차주택의 수리 및 비용부담에 관하여 다음과 같이 합의한다. 다만, 합의되지 아니한 기타 수선비용에 관한 부담은 민법, 판례 기타 관습에 따른다.

임대인부담	(예컨대, 난방, 상·하수도, 전기시설 등 임차주택의 주요설비에 대한 노후·불량으로 인한 수선은 민법 제623조, 판례상 임대인이 부담하는 것으로 해석됨　　　)
임차인부담	(예컨대, 임차인의 고의·과실에 기한 파손, 전구 등 통상의 간단한 수선, 소모품 교체 비용은 민법 제623조, 판례상 임차인이 부담하는 것으로 해석됨　　　)

④ 임차인이 임대인의 부담에 속하는 수선비용을 지출한 때에는 임대인에게 그 상환을 청구할 수 있다.

93

〈주택임대차표준계약서 1페이지〉

두 번째 장은 주택임대차계약과 관련하여 분쟁이 있는 경우 주택임대차분쟁조정위원회에 조정을 신청하는 합의

사항이 있습니다. 그리고 주택임대차보호법의 내용을 각 조항으로 옮겨 놓았습니다.

주택임대차분쟁 조정사례집

제5조(계약의 해제) 임차인이 임대인에게 중도금(중도금이 없을 때는 잔금)을 지급하기 전까지, 임대인은 계약금의 배액을 상환하고, 임차인은 계약금을 포기하고 이 계약을 해제할 수 있다.

제6조(채무불이행과 손해배상) 당사자 일방이 채무를 이행하지 아니하는 때에는 상대방은 상당한 기간을 정하여 그 이행을 최고하고 계약을 해제할 수 있으며, 그로 인한 손해배상을 청구할 수 있다. 다만, 채무자가 미리 이행하지 아니할 의사를 표시한 경우의 계약해제는 최고를 요하지 아니한다.

제7조(계약의 해지) ① 임차인은 본인의 과실 없이 임차주택의 일부가 멸실 기타 사유로 인하여 임대차의 목적대로 사용할 수 없는 경우에는 계약을 해지할 수 있다.

② 임대인은 임차인이 2기의 차임액에 달하도록 연체하거나, 제4조 제1항을 위반한 경우 계약을 해지할 수 있다.

제8조(갱신요구와 거절) ① 임차인은 임대차기간이 끝나기 6개월 전부터 2개월 전까지의 기간에 계약갱신을 요구할 수 있다. 다만, 임대인은 자신 또는 그 직계존속·직계비속의 실거주 등 주택임대차보호법 제6조의3 제1항 각 호의 사유가 있는 경우에 한하여 계약갱신의 요구를 거절할 수 있다. ※ 별지2) 계약갱신 거절통지서 양식 사용 가능

② 임대인이 주택임대차보호법 제6조의3 제1항 제8호에 따른 실거주를 사유로 갱신을 거절하였음에도 불구하고 갱신요구가 거절되지 아니하였더라면 갱신되었을 기간이 만료되기 전에 정당한 사유 없이 제3자에게 주택을 임대한 경우, 임대인은 갱신거절로 인하여 임차인이 입은 손해를 배상하여야 한다.

③ 제2항에 따른 손해배상액은 주택임대차보호법 제6조의3 제6항에 의한다.

제9조(계약의 종료) 임대차계약이 종료된 경우에 임차인은 임차주택을 원래의 상태로 복구하여 임대인에게 반환하고, 이와 동시에 임대인은 보증금을 임차인에게 반환하여야 한다. 다만, 시설물의 노후화나 통상 생길 수 있는 파손 등은 임차인의 원상복구의무에 포함되지 아니한다.

제10조(비용의 정산) ① 임차인은 계약종료 시 공과금과 관리비를 정산하여야 한다.

② 임차인은 이미 납부한 관리비 중 장기수선충당금을 임대인(소유자인 경우)에게 반환 청구할 수 있다. 다만, 관리사무소 등 관리주체가 장기수선충당금을 정산하는 경우에는 그 관리주체에게 청구할 수 있다.

제11조(분쟁의 해결) 임대인과 임차인은 본 임대차계약과 관련한 분쟁이 발생하는 경우, 당사자 간의 협의 또는 주택임대차분쟁조정위원회의 조정을 통해 호혜적으로 해결하기 위해 노력한다.

제12조(중개보수 등) 중개보수는 거래 가액의 ________% 인 ______________원(□ 부가가치세 포함 □ 불포함)으로 임대인과 임차인이 각각 부담한다. 다만, 개업공인중개사의 고의 또는 과실로 인하여 중개의뢰인간의 거래행위가 무효·취소 또는 해제된 경우에는 그러하지 아니하다.

제13조(중개대상물확인·설명서 교부) 개업공인중개사는 중개대상물 확인·설명서를 작성하고 업무보증관계증서(공제증서등) 사본을 첨부하여 ________년________월________일 임대인과 임차인에게 각각 교부한다.

[특약사항]

- 주택 임대차 계약과 관련하여 분쟁이 있는 경우 임대인 또는 임차인은 법원에 소를 제기하기 전에 먼저 주택임대차분쟁조정위원회에 조정을 신청한다 (□ 동의 □ 미동의)
  ※ 주택임대차분쟁조정위원회 조정을 통할 경우 60일(최대 90일) 이내 신속하게 조정 결과를 받아볼 수 있습니다.
- 주택의 철거 또는 재건축에 관한 구체적 계획 (□ 없음 □ 있음 ※공사시기 : ※ 소요기간 : 개월)
- 상세주소가 없는 경우 임차인의 상세주소부여 신청에 대한 소유자 동의여부 (□ 동의 □ 미동의)

※ 기타 임차인의 대항력·우선변제권 확보를 위한 사항, 관리비·전기료 납부방법 등 특별히 임대인과 임차인이 약정할 사항이 있으면 기재
-【대항력과 우선변제권 확보 관련 예시】"주택을 인도받은 임차인은 ___년 ___월 ___일까지 주민등록(전입신고)과 주택임대차계약서상 확정일자를 받기로 하고, 임대인은 ___년 ___월 ___일(최소한 임차인의 위 약정일자 이틀 후부터 가능)에 저당권 등 담보권을 설정할 수 있다"는 등 당사자 사이 합의에 의한 특약 가능

본 계약을 증명하기 위하여 계약 당사자가 이의 없음을 확인하고 각각 서명·날인 후 임대인, 임차인, 개업공인중개사는 매 장마다 간인하여, 각각 1통씩 보관한다. 년 월 일

임대인	주소						서명 또는 날인㊞
	주민등록번호		전화		성명		
	대리인	주소	주민등록번호		성명		
임차인	주소						서명 또는 날인㊞
	주민등록번호		전화		성명		
	대리인	주소	주민등록번호		성명		
개업공인중개사	사무소소재지		사무소소재지				
	사무소명칭		사무소명칭				
	대표	서명 및 날인 ㊞	대표	서명 및 날인 ㊞			
	등록번호	전화	등록번호	전화			
	소속공인중개사	서명 및 날인 ㊞	소속공인중개사	서명 및 날인 ㊞			

주택임대차 관련 분쟁은 전문가로 구성된 대한법률구조공단, 한국토지주택공사, 한국부동산원, 지방자치단체에 설치된 주택임대차분쟁조정위원회에서 신속하고 효율적으로 해결할 수 있습니다.

94

〈주택임대차표준계약서 2페이지〉

별첨 안내사항에는 '대항력 및 우선변제권 확보', 임차인의 권리(차임증액 청구, 묵시적 갱신, 계약갱신 요구) 및 보증금 증액 시 확정일자 날인 등 임차인의 권리 보호를 위해 필요한 사항을 안내합니다.

별지1)

법의 보호를 받기 위한 중요사항! 반드시 확인하세요

〈 계약 체결 시 꼭 확인하세요 〉

【대항력 및 우선변제권 확보】

① 임차인이 **주택의 인도와 주민등록**을 마친 때에는 그 다음날부터 제3자에게 임차권을 주장할 수 있고, 계약서에 **확정일자**까지 받으면 후순위권리자나 그 밖의 채권자에 우선하여 변제받을 수 있으며, 주택의 점유와 주민등록은 임대차 기간 중 계속 유지하고 있어야 합니다.

② **등기사항증명서, 미납국세·지방세, 다가구주택 확정일자 현황** 등을 반드시 확인하여 선순위 권리자 및 금액을 확인하고 계약체결여부를 결정하여야 보증금을 지킬 수 있습니다.

※ 임차인은 임대인의 동의를 받아 미납국세·지방세는 관할 세무서에서, 확정일자 현황은 관할 주민센터·등기소에서 확인할 수 있습니다.

【임대차 신고의무 및 확정일자 부여 의제】

① 수도권 전역, 광역시, 세종시 및 도(道)의 시(市) 지역에서 보증금 6천만원 또는 월차임 30만원을 초과하여 주택임대차계약을 체결(금액의 변동이 있는 재계약·갱신계약 포함)한 경우, 임대인과 임차인은 계약체결일로부터 30일 이내에 시군구청에 해당 계약을 공동(계약서를 제출하는 경우 단독신고 가능)으로 신고하여야 합니다.

② 주택임대차계약서를 제출하고 임대차 신고의 접수를 완료한 경우, 임대차 신고필증상 접수완료일에 확정일자가 부여된 것으로 간주되므로, 별도로 확정일자 부여를 신청할 필요가 없습니다.

〈 계약기간 중 꼭 확인하세요 〉

【차임증액청구】

계약기간 중이나 임차인의 계약갱신요구권 행사로 인한 갱신 시 차임·보증금을 증액하는 경우에는 기존 차임·보증금의 5%를 초과하여 증액하지 못하고, 계약체결 또는 약정한 차임 등의 증액이 있은 후 1년 이내에는 하지 못합니다.

【묵시적 갱신 등】

① 임대인은 임대차기간이 끝나기 6개월부터 2개월* 전까지, 임차인은 2개월 전까지 각 상대방에게 계약을 종료하겠다거나 조건을 변경하여 재계약을 하겠다는 취지의 통지를 하지 않으면 종전 임대차와 동일한 조건으로 자동 갱신됩니다.
* 기존 규정은 1개월이고, '20. 12. 10. 이후 최초로 체결되거나 갱신된 계약의 경우 2개월이 적용됩니다.

② 제1항에 따라 갱신된 임대차의 존속기간은 2년입니다. 이 경우, 임차인은 언제든지 계약을 해지할 수 있지만 임대인은 계약서 제7조의 사유 또는 임차인과의 합의가 있어야 계약을 해지할 수 있습니다.

【계약갱신요구 등】

① 임차인이 임대차기간이 만료되기 6개월 전부터 2개월* 전까지 사이에 계약갱신을 요구할 경우 임대인은 정당한 사유 없이 거절하지 못하고, 갱신거절 시 별지 2에 게재된 계약갱신 거절통지서 양식을 활용할 수 있습니다.
* 기존 규정은 1개월이고, '20. 12. 10. 이후 최초로 체결되거나 갱신된 계약의 경우 2개월이 적용됩니다.

② 임차인은 계약갱신요구권을 1회에 한하여 행사할 수 있고, 이 경우 갱신되는 임대차의 존속기간은 2년, 나머지 조건은 전 임대차와 동일한 조건으로 다시 계약된 것으로 봅니다. 다만, 차임과 보증금의 증액은 청구 당시의 차임 또는 보증금 액수의 100분의 5를 초과하지 아니하는 범위에서만 가능합니다.

③ 묵시적 갱신이나 합의에 의한 재계약의 경우 임차인이 갱신요구권을 사용한 것으로 볼 수 없으므로, 임차인은 주택임대차보호법에 따라 임대기간 중 1회로 한정되어 인정되는 갱신요구권을 차후에 사용할 수 있습니다.

〈 계약종료 시 꼭 확인하세요 〉

【보증금액 증액시 확정일자 날인】

계약기간 중 보증금을 증액하거나, 재계약 또는 계약갱신 과정에서 보증금을 증액한 경우에는 증액된 보증금액에 대한 우선변제권을 확보하기 위하여 반드시 **다시 확정일자**를 받아야 합니다.

95

〈주택임대차표준계약서 별첨: 임차인 안내사항〉

임대차 신고의무 부과 및 확정일자 부여

참고로 알아둘 제도(임대차 신고의무 부과)가 있습니다. 보증금 6,000만 원 또는 월차임 30만 원을 초과하면 임대인과 임차인은 계약 체결일로부터 30일 이내에 시군구청에 해당 계약을 공동(계약서를 제출하는 경우 단독으로 신고 가능)으로 신고할 의무가 있습니다. 의무 미이행 시 과태료가 부과될 수 있지만 현재는 중개인이 대행하고 있고, 계도기간이 다시 연장되었습니다. 신고하면 확정일자를 받은 것으로 간주합니다.

신고는 구청 방문(또는 홈페이지 방문)을 전제로 합니다. 현장에서는 임차계약 개시일(입주일 당일)에 임차인이 가까운 주민센터에 직접 방문하여 주민등록(전입신고)과 확정일자를 받고 있습니다. 임대차계약 체결일부터 실제 입주일 사이에 홈페이지 방문을 통해 임대차계약 신고를 할 시간을 넉넉하게 주고, 확정일자 효과를 부여하는 정도입니다. 입주일(임대차 개시일) 당일에 주민등록(전입신고)을 위해 주민센터를 방문해야 하므로 확정일자를 받았다고 간주해주는 효과는 다소 제한적입니다.

〈임대차 신고 화면: 부동산 거래관리시스템〉

임대사업자용 주택임대차표준계약서는 임차인에게 더 유리

민간임대주택법에 따라 임대사업자 등록을 마친 임대인은 등록된 주택에 대해 임대차계약을 체결하려면 같은 법 시행규칙에서 정한 표준계약서(별지 제24호 서식)를 사용하여야 합니다.

임대사업자용 주택임대차표준계약서는 분량이 6페이지입니다. 주택임대차보호법에서 정한 사항 외 민간임대주택에 관한 특별법에서 정한 임대인의 의무사항까지 모두 포함되어 있습니다. 임대인의 의무사항이니 반대로 임차인에게는 권리로 볼 수 있습니다.

주택 월세 소득공제 안내(제17조), 계약갱신청구권 거절 사유(제10조, 거절 사유에 해당하지 않으면 임차인의 계약갱신권이 인정됨), 임대료 증액 제한 안내(5%룰), 주택의 수선, 유지 구체화(9조), 임대인의 임차인에 대한 설명의무 부과(제14조), 임대인의 지방세, 국세 체납 여부 확인 등 내용과 절차에서 임차인을 두텁게 보호하고 있습니다.

이런 이유로 임차인은 임대사업자 등록을 마친 임대인이 제공한 주택에 입주하면 상당히 유리합니다.

임대인은 임차보증금, 임대료 인상 제한 사항을 준수할 의무를 부담하면서 재산세 감면, 양도세 중과 배제 등의 혜택을 받습니다. 임대인과 임차인은 이해관계 다툼이 많거나 한쪽이 이득이면 상대방이 손해를 본다는 식으로 보도되고 있지만 임대사업자용 주택임대차의 경우 임대인과 임차인은 서로 협조 관계에서 상호 존중하고 배려할 공간이 많습니다.

임대차계약서는 최대한 자세히 적는 게 좋습니다. 자세하게 적을수록 해석에 의존할 필요가 없게 됩니다. 조항이 없거나 해석의 여지가 많을수록 상대적으로 힘의 우위를 점하는 임대인에게 유리한 측면이 있기 때문입니다.

그런 점에서 임대사업자용 표준계약서에서 임대인의 제한 사항을 구체적으로 기록하는 것은 나름 큰 의미가 있다고 할 수 있습니다.

임차인의 동의나 부담이 있는 사항도 있지만 수용할 만한 수준입니다.

- 임차인의 개인정보 제3자 제공 동의서(임대차계약 신고 등 공익 목적 정보이용 동의
- 임대보증금 보증에 가입한 경우 보증수수료의 25%를 임차인 부담 권고(제12조제1항)

전체적으로 봤을 때 임대사업자의 표준임대차계약서는 임차인에게 유리합니다. 반대로 임대인에게는 상대적으로 불리한 듯 보이지만, 임대사업 등록에 따른 세제 혜택을 받고 있기 때문에 감내할 만한 수준이라고 생각됩니다.

다만 임대보증금에 대한 보증보험 가입을 강제하고, 그 수수료 중 일부를 임차인에게 부담시키는 것이 합당한지는 의문입니다.

한편 1~2채 정도의 소규모 주택으로 임대사업을 영위하는 경우 보증보험 강제는 임대인에게 다소 과한 측면이 있습니다. 임차인은 주택 등을 사용하면서 우선변제권, 확

정일자를 확보하여 주택 등을 점유 사용하고 있고, 시가 대비 적정한 수준의 범위 내에서 임차보증금이 설정되어 있을 경우 사실상 회수에 지장이 없을 수도 있습니다. 반환 지연에 따른 책임은 지연 이자(연 12%)로 해결하면 충분하다고 생각합니다.

민간건설 임대주택, 분양주택 전부를 우선 공급받아 임대하는 민간 매입 임대주택, 동일 주택단지에서 100호 이상의 주택을 매입하는 대규모 매입 임대주택은 임대인 자력이 약화되면 다수의 임차인이 피해를 볼 위험이 있어 보증보험 가입 목적의 정당성은 이해가 됩니다.

하지만 소규모 임대사업자까지 강제하고, 그중 25%의 비용을 임차인 부담으로 권고하면 사실상 임대인의 부담을 임차인에게 전가하여도 간섭하지 않겠다는 신호로 오인될 수 있습니다.

또 보증보험 보험료가 생각처럼 저렴하지 않으며, 2년 경과 후 갱신청구권이 행사되면 다시 보험에 가입하여야 합니다. 임차인에게 갱신청구권이 부여되어 실질 임대차 기간이 4년이라는 점을 고려하면 전세권설정 시 납부해야 하는 등록면허세(부동산 가액의 20/1,000 납부)가 결과적으로 싸게 보일 정도입니다.

정책적으로 개인이 임차인인 경우 등록면허세 비율을 인하하거나 정액 부과로 전환하면 정부의 개입과 관여를 최소화하면서 적은 비용으로 임차인을 보호할 수 있는 길이 열립니다.

주택 임차인을 보호하기 위해 임차인이 확정일자 등으로 최우선변제권을 확보하더라도 '주택가격의 100분의 60 수준'만 안전한 부동산 가액으로 평가하고, 나머지 금액에 대한 보증보험 가입을 권유하고 있습니다.

부동산 폭락을 대비하여 임대보증금의 안전한 반환을 꾀하려는 목적이 있겠지만 보증보험으로 보장되는 범위가 과다하게 설정되어 있습니다. 즉 '주택가격의 100분의 60'은 현재 형성된 전세가격과 동떨어질 확률이 높습니다. 주택가격은 '공동주택가격'의 일정 비율인 '1.5배'를 곱한 금액으로 정해지는데, 주택의 시세가 아닌 과세를 만든 기준으로 일정한 비율을 곱하여 간접적으로 산출하였습니다.

'주택가격'이 시세를 반영한다고 하더라도, 100분의 60 수준은 추후 경매시장에서 매각 가격이 40% 정도 할인될 것을 전제로 책정된 수치입니다. 아무리 경매라고 하더라도 시세보다 40% 할인된 가격(임차보증금 포함)으로 낙찰되는 사례가 많은지 의문이 듭니다.

[임차인이 임차계약을 체결한 뒤 입주할 당시(주민등록, 확정일자로 우선변제권을 취득할 시점)에 임대인의 지방세, 국세 체납 여부를 확인하므로 임차인의 임차보증금 성립일보다 앞서는 국세, 지방세 체납은 이론적으로 발생하지 않습니다. 또 성립일과 무관하게 선 순위로 인정되는 주택의 당해세도 금액은 크지 않습니다.]

전세 계약 시 유의 사항

1. 우선변제권은 당연히 확보하되 안심은 금물

증가하는 보증금에 대해 확정일자를 신고해야 합니다(같은 곳에 살고 있으므로 전입신고와 점유는 계속됨). 확정일자 신고는 신고 다음 날 00:00에 발생합니다. 이런 경우 임차보증금의 확정일자 신고가 살짝 위험합니다. 임대인이 보증금을 수령한 날, 은행 대출도 받고 근저당권을 설정했다면 증가한 보증금은 근저당권에 순위가 밀립니다. 임대인의 요청이 있다면 임대차계약 기간 도중 급전이 필요하므로 조심해서 나쁠 게 없습니다. 임차인이 임차료를 1~2회 체납한 상태에서 연락이 잘 되지 않을 때와 비슷한 수준의 위험 신호입니다(개인적으로는 적신호).

전세금은 부동산 매각 시세 대비 전세금 비율을 유지(70% 수준)하여야 하고 주변 부동산의 매매, 전세 시세는 여러 부동산에 문의해야 합니다.

2. 전세자금 대출을 받는 경우 비용 최소화 및 원금 상환 고려

임차인이 비용을 아끼려는 계획이라면 비용을 따져 보아야 합니다.

- 대출금액 및 대출금리: 임대인에게 돌려받을 전세보증금 반환 채권을 담보로 제공하고, 서울보증보험을 통해 대출이 진행되므로 신용대출보다 금리가 낮은 편입니다. 청년을 위한 대출은 금리가 더 낮습니다.

- 비용: 인지세, 보증보험료, 중도상환수수료, 기타 대출 담보설정 비용을 계산해 보기 바랍니다. 먼저 인지세는 대출 실행금액 5천만 원에서 1억 원 구간은 7만 원, 1억 원에서 10억 원 구간은 15만 원입니다. 50%가 본인 부담입니다(참고로 이 구간은 부동산 매수 계약 후 소유권이전 등기 시 사야 하는 인지세 구간과 같습니다. 그때는 100% 본인 부담).

보증료는 대출을 실행할 때 2년 치를 냅니다. 대출 실행 금액 기준으로 계산되며 1억 원 미만이면 10만 원 내외라고 합니다.

중도상환수수료라는 게 있습니다. 대출을 먼저 갚는 데 대한 손해를 은행에 물어주는 취지인데 구간은 천차만별입니다. 개인적으로 은행이 안 받아도 된다고 생각하지만, 몇 년 전에는 1% 정도였는데 지금은 0.6~0.7%입니다. 시간이 지날수록 비례해서 수수료율은 떨어지며, 만기에 상환하면 중도상환수수료율은 0%입니다.

재테크 서적을 참고해 보면 중도상환수수료를 물더라도 기회가 있으면 빚을 갚으라는 조언이 있습니다. 나쁘지 않은 선택입니다. 전세자금 대출을 받고 전세로 전환하는 경우 이자와 임차료의 차이가 매월 20~30만 원 정도 차이가 날 수 있을 것으로 짐작합니다. 그보다 많을 수도 있고 적을 수도 있지만 10만 원 단위로 나누어 적금을 들 것을 추천합니다. 대신, 만기는 2년이 아닌 23개월이나 22개월로 해서(1개월 거치 기간 고려, 금리 의미 없음), 전세계약 만기에 대비하기 바랍니다. 전세금 인상, 종잣돈 마련 등의 방법으로 활용 가능할 것입니다.

위의 안내사항은 은행에서 모두 알려줍니다. 금리 상승기이든 하락기이든 변동금리, 고정금리 선택은 늘 어렵습니다. 2022년 8월 현재는 연말까지 금리가 상승할 것으로 예상하고 있지만 몇 년 뒤는 어떻게 전환될지 알 수 없습니다.

3. 전세금 상승 준비하기

먼저 전세자금대출을 받은 임차인이라면 대출 한도를 미리 체크해 보는 게 좋습니다.

최초 입주 시 전세보증금 중 부족한 금액을 전세자금 담보대출로 마련하고 특별히 신용등급이 나빠지지 않았다면 인상분에 대해 대출이 가능할 확률이 높습니다. 기존 대출실행 시 담보비율 등의 평가가 이미 완료된 바 있으므로 공식적이지 않지만 실무자 선에서 은행창구에서 비공식적인 사전 체크(?)가 충분히 가능해 보입니다.

은행 입장에서는 위험부담이 거의 없는 담보대출에 가깝기 때문입니다. 다만 정책적인 이유로 한도가 축소되는 경우도 있을 수 있으니 미리 확인해 보아야 합니다.

인상되는 전세보증금 5%를 대출로 마련하는 게 바람직하지는 않습니다. 그래도 상황이 여의치 않으면 이사 등 일회성 비용으로 없어지지 않고, 자산으로 적립되는 성격의 금원이라는 점에 위안을 삼아야 합니다. 감당할 수 있는 부채는 건전한 자산이라는 말도 있습니다.

입주 시작부터 2년 동안 예상 인상금을 최대한 준비합니다. 대출을 받았다면 신속히 상환 계획을 세우고 실행해야 합니다.

대출한도가 넉넉하다고 해서 대출을 한도까지 받을 필요는 없습니다. 금리 상승기에는 이자 부담이 상당하므로 예상 인상금을 자력으로 모을 계획을 세우고 24개월짜리 적금을 듭니다. 전세 계약을 체결하자마자 즉시 계약 만기일에 맞춰 가입하는 것을 추천합니다. 조금 벅차다 싶으면 50% 정도로 목표 수준을 낮추어도 됩니다.

매달 40만 원을 적립하면 2년 뒤 1,000만 원에 가까운 돈을 모을 수 있습니다. 자본금 또는 시드 머니를 모으는 용도입니다. 이자율이 높으면 좋겠지만 그리 높지 않더라도 괜찮습니다. 예상대로 전셋값이 상승하면 모은 돈을 인상 전세금으로 사용합니다. 부족한 금액이 생겨 대출을 1,000만 원 정도 받았다면 다시 2년간 적금을 시도하여 갚을 수 있는 금액을 만들어 봅니다.

만약 예상과 달리 전세금이 상승하지 않는다면 '비상금' 용도로 다양하게 활용할 수 있습니다. 임대인이 전세보증금을 반환하지 못할 것 같은 분위기가 조금이라도 감지되면 소송비용으로, 대출금리가 부담된다면 원금을 일부 상환하여 이자를 줄이는 것도 괜찮은 선택일 수 있습니다.

예전 같으면 이 금액을 시드 머니 삼아 전세를 끼고 부동산에 투자(레버리지를 이용한 갭 투자)를 고려했을 수도 있습니다(최근에는 전세자금대출을 1세대 1가구일 때 허용하고 있지만 1세대 2가구일 때는 불허하는 분위기입니다. 주택을 소유하게 된다면 소득공제 혜택은 없다는 점을 알아두어야 합니다). 지금 살고 있는 수준의 주택이 아니라 좀 더 외곽에 규모가 작고, 아파트가 아니더라도 투자 효과는 있습니다.

PART

상가건물임대차보호법은 임차인 보호를 주목적으로 하는 '주택임대차보호법'과 입법 취지는 동일하며, 주택이 아닌 상가, 오피스 등의 임대차계약에 적용됩니다.

학습

- 상가건물임대차계약 -

사적인 자유의 영역에 개입한 법

상가건물임대차보호법(이하 '상가임대차보호법')은 임차인 보호를 주목적으로 하는 '주택임대차보호법'과 입법 취지는 동일하며, 주택이 아닌 상가, 오피스 등의 임대차 계약에 적용됩니다.

보증금의 범위 초과 여부를 기준으로 일정한 범위 미만이면 모든 규정이 적용되고, 일정한 범위를 초과하면 일부 조항은 적용되지 않습니다.

법은 민간 계약 영역에 관여하지 않는 것이 원칙이나 상대적으로 취약한 임차인 보호 목적으로 만들어진 이 법은 강행규정으로 법 내용에 위반하여 이루어진 임차인에게 불리한 합의는 효력이 없습니다. 물론 법에서 정하지 않은 사항에 대한 합의 성립은 가능합니다.

실무에서는 당사자 사이에 특약(특별한 약정)이 많이 이루어지고 있으며 상가권리금 분쟁, 임차료 등의 체납에 따른 계약해지가 많이 발생하고 최근에는 코로나 관련 특칙이 이 법에 추가되었습니다.

상가임대차보호법의 적용 범위

상가임대차보호법 제2조와 같은 법 시행령 제2조(이하 '상가임대차보호법 시행령')에 따르면 보증금액이 서울 9억원, 과밀억제권역 및 부산광역시 6억 9천만 원을 초과하면 원칙적으로 이 법이 적용되지 않아 법의 보호를 받지 못합니다.

상가건물임대차보호법 제2조(적용범위) ① 이 법은 상가건물(제3조제1항에 따른 사업자등록의 대상이 되는 건물을 말한다)의 임대차(임대차 목적물의 주된 부분을 영업용으로 사용하는 경우를 포함한다)에 대하여 적용한다. 다만, 제14조의2에 따른 상가건물임대차위원회의 심의를 거쳐 대통령령으로 정하는 보증금액을 초과하는 임대차에 대하여는 그러하지 아니하다. 〈개정 2020. 7. 31.〉

② 제1항 단서에 따른 보증금액을 정할 때에는 해당 지역의 경제 여건 및 임대차 목적물의 규모 등을 고려하여 지역별로 구분하여 규정하되, 보증금 외에 차임이 있는 경우에는 그 차임액에 「은행법」에 따른 은행의 대출금리 등을 고려하여 대통령령으로 정하는 비율을 곱하여 환산한 금액을 포함하여야 한다. 〈개정 2010. 5. 17.〉

③ 제1항 단서에도 불구하고 제3조, 제10조제1항, 제2항, 제3항 본문, 제10조의2부터 제10조의9까지의 규정, 제11조의2 및 제19조는 제1항 단서에 따른 보증금액을 초과하는 임대차에 대하여도 적용한다. 〈신설 2013. 8. 13., 2015. 5. 13., 2020. 9. 29., 2022. 1. 4.〉
[전문개정 2009. 1. 30.]

보증금액은 명목상의 보증금액에 월세(임차료, 임대료, 차임)가 있는 경우라면 월세를 보증금으로 환산한 환산보증금액을 더한 금액입니다.

상가건물임대차보호법 시행령 제2조(적용범위) ①「상가건물임대차보호법」(이하 "법"이라 한다) 제2조제1항 단서에서 "대통령령으로 정하는 보증금액"이란 다음 각 호의 구분에 의한 금액을 말한다. 〈개정 2008. 8. 21., 2010. 7. 21., 2013. 12. 30., 2018. 1. 26., 2019. 4. 2.〉

1. 서울특별시 : 9억 원
2. 「수도권정비계획법」에 따른 과밀억제권역(서울특별시는 제외한다) 및 부산광역시 : 6억 9천만 원
3. 광역시(「수도권정비계획법」에 따른 과밀억제권역에 포함된 지역과 군지역, 부산광역시는 제외한다), 세종특별자치시, 파주시, 화성시, 안산시, 용인시, 김포시 및 광주시 : 5억 4천만 원
4. 그 밖의 지역 : 3억 7천만 원

② 법 제2조제2항의 규정에 의하여 보증금 외에 차임이 있는 경우의 차임액은 월 단위의 차임액으로 한다.

③ 법 제2조제2항에서 "대통령령으로 정하는 비율"이라 함은 1분의 100을 말한다. 〈개정 2010. 7. 21.〉

예시를 들어 보겠습니다. 대통령령에서 정하는 비율 '1분의 100'을 월세 100만 원에 적용하면 보증금 1억 원(100만 원×100배)으로 전환됩니다.

서울지역 보증금 1억 원, 월세 1,000만 원(부가가치세 포함) 상가의 경우 월세 1,000만 원의 전환보증금은 10억 원(1,000만 원×100)이고, 여기에 보증금 1억 원을 더하면 결국 '보증금액'은 11억 원이 됩니다. 법에서 정한 기준을 초과하게 되어 원칙적으로 이 법이 적용되지 않습니다.

지역마다 상가임대차보호법 적용 대상 기준이 각기 다릅니다. 개별 계약의 보증금액이 각 지역의 기준을 초과하면, 차임 5% 인상 제한(동법 4조) 등 이 법에서 정한 임차인 보호 조항이 적용되지 않습니다. 일정 규모 이상의 임차 거래에서는 임차인 스스로 본인의 권리를 지킬 수 있다고 보고, 임대인의 권리를 과하게 제한할 필요가 없다고 판단한 것입니다.

보증금액이 기준금액을 초과한 경우

보증금액이 일정 금액을 초과하더라도 예외적으로 권리금, 계약 해지 등 몇 개의 사항은 이 법이 적용됩니다. 예를 들어 서울지역 보증금액이 11억 원으로 기준(9억 원)

을 넘더라도 대항력(제3조), 갱신요구(제10조제1항), 임차기간 최대 10년(제10조제2항), 권리금 보호(제10조제3항 등), 표준계약서 권장(제10조의6, 제19조), 차임 연체와 해지(제10조의8), 코로나 특별 조치로 6개월간 연체 차임을 연체액으로 보지 않기 때문에 해지를 일시 제한한 조항(제10조의9)이 적용됩니다.

이 규정은 임차인의 영업환경 유지를 위해 임대인이 마음대로 조정하거나 가감할 수 없는 필수 사항입니다.

> **상가건물임대차보호법 제2조(적용범위)** ③ 제1항 단서에도 불구하고 제3조, 제10조제1항, 제2항, 제3항 본문, 제10조의2부터 제10조의9까지의 규정, 제11조의2 및 제19조는 제1항 단서에 따른 보증금액을 초과하는 임대차에 대하여도 적용한다. 〈신설 2013. 8. 13., 2015. 5. 13., 2020. 9. 29., 2022. 1. 4.〉
> [전문개정 2009. 1. 30.]

임대인의 과도한 차임 인상 요청에 대한 대응

인상률 제한 범위 초과 사실 언급

서울지역 금융회사 지점의 경우 보증금액이 9억 원을 초과하는 사례가 제법 있지만 다른 지역이라면 5% 제한 조항을 언급한 뒤 협상하는 방법이 있습니다. 다만 금융회사 지점의 경우 2~3년 주기로 차임 협상을 하기 때문에 인상률 제한 조항을 직접 사용하지는 않습니다.

협상에 의한 차임 인상 협의(물가상승률)

금융회사 지점 임차인이 된다면, 건물의 하자가 없는 이상 임차료를 인하한 사례는 드뭅니다. 직전 임차계약에서 정한 보증금과 차임이 합리적인 가격이라고 추정하고 2~3년 동안의 물가상승률을 반영하여 연장된 임차계약에 적용될 차임을 결정합니다. 임대인은 예상보다 더 많이 받으려 하고, 임차인은 낮은 금액을 제시하므로 보통은 적절한 절충선에서 합의가 이루어집니다.

4년~5년 전쯤에는 최저임금 인상의 효과로 다음 연도의 관리비가 10% 이상 인상된 기억이 있습니다. 건물, 상가 관리 인력의 인건비가 중장기적으로 최저임금과 연동하여 관리비에 반영되었습니다. 2022년 상반기에는 우크라이나 전쟁 여파로 오른 물가가 서서히 반영되고 있습니다.

반면 침체기, 안정기는 임차료 또는 관리비 인하 요소가 있더라도 인하 주장을 하지 않고, 계속 동결하면서 추후 임대인의 인상 요청이 있을 때 그 폭을 줄이기 위한 데이터로 활용합니다.

계약 체결부터 차임 인상률을 계약서에 명기하는 방법

최근 2~3년 사이 자사 운용사가 설정한 펀드가 주요 지역의 빌딩을 매수한 사례가 증가하고 있습니다. 새로 지은 랜드마크 건물이나 교통 요충지에 리모델링된 건물의 임차료는 다소 높은 마케팅 가격을 기준으로 렌트프리(임차료 면제)를 조절하는 방법으로 결정됩니다.

초기 신규 임차인을 유치하기 위해 임차료 단가를 낮추는 대신 기준가격 대비 할인율을 조절하는 방식입니다. 시간이 지나면서 공실이 사라지면 할인율을 줄이면서 실질적으로 임차료 인상 효과를 보게 됩니다.

장기계약을 하면서 매년 줄어드는 할인율, 평당 기준가격의 인상폭, 관리비 인상률을 미리 계약서에 기재합니다.

금융회사 임차인 네트워크 활용

지점이 설치된 건물에 경쟁 금융회사가 입주한 경우도 많습니다. 자연스럽게 금융회사 임차인 네크워크가 형성되어 수시로 연락하며 임차료 시세 정보를 상호 교류하고 있으며, 드물지만 임대인이 요청한 인상폭이 과다하다고 판단될 경우 공동대응한 사례도 종종 있습니다.

일반 분양 상가의 경우

금융회사 임차인의 사례를 다양하게 소개해 보았습니다. 하지만 일반 상가에 바로 적용하기에는 무리가 있을 듯합니다. 분양 상가는 임차인이 관리비를 관리사무소에 직접 납부하는 관행이 있으므로 2~3년 단위로 계약 기간을 정하고, 갱신 시점에 임차료 인상률(인상 금액)이 지나치게 과다하지 않도록 집중하는 게 중요합니다.

코로나19, 임차료 미납 그리고 상가임대차계약

코로나19(제1급 감염병)로 사회적 거리 두기가 실시됨에 따라 영업에 타격을 받은 임차인, 임대인이 많을 것으로 예상합니다. 정부는 상가임대차법(2020. 9. 29) 개정을 통해 '코로나19 임시 특례제도'를 마련하였습니다. 특히 임차료를 미납한 임대인의 해지권을 제한하기도 하였습니다. 해지 제한 기한이 지났으므로 이제는 기존대로 계약 해지 등 권리행사가 가능합니다.

코로나19의 여파로 상가 임차인의 매출이 급감하게 되었습니다. 고정 비용인 임차료는 상가 임차인의 큰 부담입니다. 재난지원금 지급은 턱없이 부족하고, 일부 대기업을 중심으로 진행한 '착한 임대인' 정책도 2021년 12월을 기점으로 서서히 종료되었습니다.

저는 회사 보유 부동산 운용 담당자로 2020년 3월부터 2021년 12월 31일까지 약 20개월 동안 소상공인 임차인을 대상으로 임차료 50~80% 감면 정책을 기안하였고, 회사는 사회공헌 및 자발적 고통 분담 차원에서 이를 수용하였습니다. 대상 소상공인 임차인은 전체 임차 계약 중 20~25% 정도였습니다.

기안 당시 '임대료를 낮추었다가 법에서 정한 인상률 제한 규정 때문에 원래의 수준으로 회복하기 어려운 것이 아닌가' 하는 질문이 있었습니다. 소위 '5% 인상률 제한' 규정 때문입니다. 2022년 1월, (다행히) 임차료는 법 위반 없이 예전 수준으로 회복되었고, 다시 '착한 임대인' 정책을 진행하고 있습니다.

코로나19 특례제도

임차료 조정 근거 규정 마련(제11조제3항 신설)

이 조항에 따라 코로나19 발생으로 차임을 감면하고, 다시 원래로 회복할 때 인상률 5% 제한 규정이 적용되지 않습니다.

상가건물임대차보호법에 5% 이상의 임차료 인상을 막는 조항이 있는데 이는 상가 임대료의 횡포로부터 임차인을 보호하고자 하는 취지로 만들어졌습니다. 코로나19로 고통 분담 차원에서 임대인이 임차료를 낮춰준 사례가 있을 텐데, 5% 인상 제한 조항을 엄격하게 적용한다면 임대인은 거의 영구적으로 원래 수준의 임차료를 받을 수 없게 됩니다.

국회는 상가건물임대차보호법 제11조제3항을 개정하여, 코로나19로 임차료를 낮추었다가 원래 수준으로 회복할 때는 '소위 5% 인상폭 제한 룰'이 적용되지 않도록 조치하였습니다. 즉 코로나 상황이 끝나면 임대인은 법률상의 제한 없이 기존의 임차료 수준을 회복시킬 수 있습니다(5% 룰 적용 제외, 2020년 9월 개정).

2020년 당시 코로나19 고통 분담 차원에서 '자발적인 착한 임대료 정책'이 먼저 시작되었고, 몇 개월 후 보완 입법 형태로 5% 제한의 예외규정을 만들게 된 것입니다.

6개월간 발생한 차임 연체에 따른 불이익 조치 잠시 중단(제10조의9 신설)

2020. 9. 29부터 6개월 사이에 발생한 차임 지급 연체로 임차인에게 불이익을 주는 조항의 적용을 일시적으로 제한했습니다. 그 외 일반적인 임차료가 적용되는 계약갱신 거부(3기 차임 도달 이력), 권리금 보호 의무 소멸, 계약 해지(3기 차임 연체 유지) 조항의 효력은 그대로 유지됩니다.

연체 이력은 그대로 남으며 (임시로 6개월간 임차계약 해지를 유예만 하였을 뿐) 유예기간 전후 발생한 연체 효과는 그대로 인정됩니다. 법적으로 임차인은 언제든 계약갱신 거부, 권리금 상실, 계약해지 통보를 받을 수 있습니다.

특례조항의 적용(제2조의3항 개정)

환산보증금이 높아 상가임대차법의 보호를 받지 못했던 임차인도 특례조항의 적용을 받을 수 있습니다. 상대적으로 규모가 큰 임차인(서울지역 환산보증금 11억 원 이상

인 임차인)도 해지 유예 조항이 적용됩니다.

전대차 관계에도 특례조항 적용(제13조제1항 개정)

특례조항은 전대인과 전차인 사이의 전대차 관계에도 적용됩니다. 임차인으로부터 다시 전대를 받은 전차인도 계약해지 유예 조치 등의 대상이 됩니다.

특례제도는 분쟁 발생을 미루는 것

제1급 감염병 등에 의한 경제 사정의 변동 시 차임을 일시적으로 낮추고 다시 회복시킬 수 있는 근거 조항(차임 증감 및 회복 조항)을 만들었습니다. 이 조항은 계속 효력이 유지됩니다. 즉 2차, 3차 착한 임대인 운동이 가능합니다. 참여 임대인에게 재산세 감면 등 정책적인 지원 조치가 있을 것으로 예상합니다. 다만 임대인의 자발적인 고통 분담만으로 위기를 넘기기는 어려울 것으로 예상합니다.

일정 기간(6개월) 동안 임차료 미납의 여파를 위해 대규모 임차계약 해지 등의 가능성을 낮추었으나 어디까지나 임시 조치에 불과했으며, 2022년 현재 이 기간은 만료되었습니다. 상가 임차인의 매출이 감소하여 임차료 미납이나 납부 지연이 꽤 늘었을 텐데, 사회적 분위기 때문에 밖으로 드러내기 어려운 임대인의 피해도 상당할 것으로 짐작합니다.

근본적인 대안이 마련되지 않는다면 임차인의 경제적 위험을 임대인에게 일시적으로 전가하는 조치로 오히려 상가임대계약의 분쟁을 늘릴 수도 있을 것 같습니다.

코로나 해지권, 임차인의 계약 탈출

코로나19 여파로 영업 유지가 사실상 불가능한 임차인에게는 임차계약을 해지할 수 있는 권리가 부여됩니다. 폐업을 고려하는 상가 임차인은 만기까지 기다리지 않고 상가임대차계약을 해지할 수 있습니다.

그동안 어려운 상황에서 임차인도 힘들고, 임대인도 임차료 미납 때문에 고민이 많았을 것 같은데, 국회는 일단 폐업 수준에 가까운 영업장을 운영하는 임차인에게 만기까지 기다리지 않고 계약을 중도에 해지할 수 있는 길을 열어주었습니다.

신설된 상가건물임대차보호법 제11조의2(폐업으로 인한 임차인의 해지권)는 코로나로 집합 제한 등을 받은 임차인의 정식 해지권을 인정합니다. 2022년 1월 4일 이후 임차인이 계약 해지를 임대인에게 통보하면, 통보 도달 3개월 후 계약 해지의 효력이 발생하게 됩니다.

보증금액이 일정 금액을 넘는(예시: 환산보증금 11억원) 대규모 임차인도 코로나 해지권을 행사할 수 있습니다(제2조제3항 참조).

상가건물임대차보호법 개정 이유 및 주요 내용

코로나-19의 여파로 국내 소비지출이 위축되고 상가 임차인의 매출과 소득이 급감하는 등 영업유지가 사실상 불가능하여 폐업하거나 폐업을 고려하는 상가 임차인이 증가하고 있으나, 폐업하더라도 임대차계약의 구속력으로 인해 기존 임대료 지급의무에서 벗어나기 힘들어 임차인에게 과도한 부담이 되고 있는 상황임

이에 임차인이 3개월 이상 감염병 예방을 위한 집합 제한 또는 금지 조치를 받음으로써 발생한 경제사정의 중대한 변동으로 폐업한 경우에는 사정 변경을 이유로 임대차계약을 해지할 수 있도록 명문의 규정을 마련하려는 것임(출처: 종합법률정보)

폐업으로 인한 임차인의 해지권

상가건물임대차보호법 제11조의2(폐업으로 인한 임차인의 해지권) ① 임차인은 「감염병의 예방 및 관리에 관한 법률」 제49조제1항제2호에 따른 집합 제한 또는 금지 조치(같은 항 제2호의2에 따라 운영시간을 제한한 조치를 포함한다)를 총 3개월 이상 받음으로써 발생한 경제사정의 중대한 변동으로 폐업한 경우에는 임대차계약을 해지할 수 있다.

② 제1항에 따른 해지는 임대인이 계약 해지의 통고를 받은 날부터 3개월이 지나면 효력이 발생한다.
[본조신설 2022. 1. 4.]

코로나 해지권의 효력은 일반적인 중도해지와 같습니다. 즉 임차인은 해지 통보 효력 발생일 이후 계약을 조기 종료시킬 수 있습니다. 임차인은 계약 만기까지 임차료를 계속 지급할 의무를 면하고 계약을 종료시킬 수 있습니다.

코로나 해지권은 당사자 사이에 해지 약정이 없더라도 법에 의해 부여된 권리이므로 임대인이 반대하더라도 그 효력이 있습니다. 다만 만기 이전에 계약을 종료시키되, 원상복구 의무 등 계약상 의무까지 면제되지 않는다는 점에 유의해야 합니다. 대부분 기존 연체 차임 등을 공제한 나머지 보증금 잔액을 돌려받고 원상복구된 상가를 인도함으로써 임차계약이 종료됩니다.

코로나 해지권 행사는 사려 깊고 신중하게

코로나 해지권은 임차인에게 부여된 권리지만 행사 전 임대인과 미리 충분한 협의를 하는 게 좋다고 생각합니다. 임대인 또한 상가건물의 경제적 이해관계자로서 코로나에 의한 피해자이기 때문입니다.

현실적으로 해지 통보 이후에도 원상복구 이행, 보증금 반환 등 임대인과 협의할 사항이 많이 남아 있으므로 서로 원만한 관계를 유지하는 게 훨씬 유리합니다.

임대인의 대응은 상황에 따라 다를 수 있습니다. 상가의 규모, 보증금 액수, 임차료 금액, 은행 대출, 임차료 연체, 원상복구 공사 예상 비용, 후속 임차인을 쉽게 구할 수 있는지 등에 따라 다를 수 있지만 임대인도 이에 대응할 시간이 필요합니다. 임대인도 예상한 현금흐름을 얻지 못하여 자금 압박을 받고, 매각에도 좋지 않은 상황에 빠질 수 있습니다.

상가임대차계약을 종료할 때도 임차인, 임대인의 관계가 서로 우호적이라면 공동으로 새로운 임차인을 물색할 수 있고, 일시적으로 임차료 인하 등을 부탁해 볼 수 있습니다. '어려운 상황이니 좀 도와줬으면 한다, 영업이 정상화되면 은혜 잊지 않겠다'라는 취지로 현재 상황과 앞으로의 계획을 함께 공유하여 위기를 함께 헤쳐 나갈 수도 있을 것입니다.

임차인의 상황이 좋아지면 임대인도 새로운 매수인에

게 좋은 가격으로 상가를 매도할 수 있고(평생 보유할 계획이 아니라면), 임차인도 영업을 살린 후 새 임차인에게 권리금(바닥, 영업, 시설)을 받는 형식으로 투자금을 회수할 수도 있습니다.

참고로 코로나 해지권 행사는 기존 임대차계약의 종료를 의미하므로 제3자에게 임차계약 승계의 요청을 전제로 하는 상가 권리금은 인정되지 않는다고 보아야 합니다.

연체 특약이 있는 연체 이자 계산법(보증금 공제 순서)

상가임대차계약 중 임차인이 임차료 등을 미납한 경우 연체 이자 계산 방법, 일부 납부 시 연체 일수 계산 및 공제(변제충당) 순서에 대해 살펴보기로 합니다. 최근 상가 임차료의 지연, 미납으로 연체 차임 합산액이 3기 도달한 사례가 많습니다. 다만 주택임대차계약은 지연 이자를 정한 경우가 흔치는 않습니다.

상가임대차계약 조건 및 진행 사항

임차료, 관리비, 실비(전기료, 수도세, 상하수도 요금 등)가 있는 사례를 가정하겠습니다.

임차료 월 200만 원, 관리비 100만 원, 실비 별도
(임차료, 관리비 각 부가가치세 별도)

〈임대차계약 조건〉

계약서에는 임차료 미납 시 연 12%의 연체료 지급 의무가 있고 일부 납부금액을 연체료, 실비, 관리비, 임차료 순서로 충당한다는 연체 특약이 포함되어 있다고 가정합니다. 변제충당 순서는 원칙적으로 당사자 사이에 합의로 정할 수 있습니다.

- 임차인이 임차료, 관리비, 실비를 납부 기한까지 납부하지 아니한 경우 그 익일부터 실제 지급일까지 연 12%의 연체료를 납부하여야 한다.
- 임차인이 임대료 등을 일부만 납부한 경우, 납부한 금원은 연체료, 실비, 관리비, 임차료 순서로 충당한다.

〈연체 특약〉

현재 임차인은 코로나의 영향 등으로 갑자기 영업환경이 나빠져 2019년 4월분부터 연체하고 있으며, 고통 분담 차원에서 계약 해지권을 행사하지 않은 상태입니다.

다행히 2019년 12월 26일 일부 금액이 입금되었는데,

기존의 미납금을 모두 상환할 수 있을 정도로 충분한 금액은 아니어서 입금 금액(금액이 크게 중요하지는 않습니다)을 기존 연체료, 부가가치세, 실비(전기료), 관리비, 월 임차료 순으로 공제(변제충당)하였습니다.

그 결과 연체료, 부가가치세, 실비, 관리비는 모두 납부 처리되고, 미납 임차료 중 2019년 4월분 200만 원 중 50만 원만 변제되었습니다. 2019년 4월분 임차료 일부 및 5월분부터 12월까지의 임차료가 미납 중입니다.

2,000만 원 납부 시 변제충당 순서(예시)

여기에 2020년 1월분 월 임대료 200만 원, 관리비 100만 원(임대료, 관리비 부가세 별도)과 실비 20만 원이 새롭게 청구됩니다. 그리고 임차인은 2020년 1월 15일경 2,000만 원을 납부할 예정으로 2,000만 원의 변제충당이 어떻게 이루어지는지 구체적으로 살펴보겠습니다.

- 2020년 1월 15일 미납 금액 확인

다음의 표를 보면, 2019년 12월 25일 일부 금액이 입금되어 기존 미납금 중 연체료, 부가가치세, 관리비가 완납되었고, 월 임대료는 2019년 1월분부터 약 1년 치가 밀

임대료 및 관리비 연체 계산식

작성기준월 : 2020.01.15

(단위 : 원)

사목명	월	ⓐ 월임대료	ⓑ 관리비	ⓒ 전기료 실비	ⓓ계(ⓐ+ⓑ+ⓒ)	ⓔ 부가세	지체 이율	지체 일수	ⓕ 연체료	ⓖ합계 (ⓓ+ⓔ+ⓕ)			
연체 내역	19년 04월	1,500,000			1,500,000		12%	20	9,863	1,509,863	2019-12-26	2020-01-15	20
	19년 05월	2,000,000			2,000,000		12%	20	13,150	2,013,150	2019-12-26	2020-01-15	20
	19년 06월	2,000,000			2,000,000		12%	20	13,150	2,013,150	2019-12-26	2020-01-15	20
	19년 07월	2,000,000			2,000,000		12%	20	13,150	2,013,150	2019-12-26	2020-01-15	20
	19년 08월	2,000,000			2,000,000		12%	20	13,150	2,013,150	2019-12-26	2020-01-15	20
	19년 09월	2,000,000			2,000,000		12%	20	13,150	2,013,150	2019-12-26	2020-01-15	20
	19년 10월	2,000,000			2,000,000		12%	20	13,150	2,013,150	2019-12-26	2020-01-15	20
	19년 11월	2,000,000			2,000,000		12%	20	13,150	2,013,150	2019-12-26	2020-01-15	20
	19년 12월	2,000,000			2,000,000		12%	20	13,150	2,013,150	2019-12-26	2020-01-15	20
	20년 01월	2,000,000	1,000,000	200,000	3,200,000	300,000	12%	-	-	3,500,000	2020-01-15	2020-01-16	0
	소계	19,500,000	1,000,000	200,000	20,700,000	300,000			115,063	21,115,063			

납부기한일(매월 15일)로 부터 실제 납부일까지일

날짜	입금예정금액	미납금	미납잔액
2020.01.15	20,000,000	21,115,063	1,115,063

〈현재의 연체금〉

려 있습니다.

2020년 1월 15일 현재, 미납 금액은 연체료를 합쳐 모두 2,111만 원 정도입니다. 세부 항목을 살펴보니 지난 2019년 12월 26일 납부 이후 미납 월 임대료에 대해 20일의 지연이 발생하고 있습니다. 그리고 1월분 청구 금액에 대해서는 납부 기한 이내이므로 지연 이자가 붙지 않습니다.

• 연체료 계산

연체료는 미납 금액에 납입을 지체한 일수를 곱하여 계산합니다. 예를 들어 연체율이 12%인 임차료 1,000만 원을 1년 동안 연체하면 연체료는 120만 원입니다. 25일이 연체되었다면 미납 금액의 12% 중 365분의 25만큼을 곱하면 됩니다.

연체 기간은 지급일 다음 날부터 실제 납부일까지며,

만약 중간 납부가 있는 경우 지체 일수는 연체료를 납부한 다음 날부터 납부일까지 계산하면 됩니다.

임대료 및 관리비 연체 계산식

작성기준일 : 2020.01.15 (단위 : 원)

사옥명	월	ⓐ 월임대료	ⓑ 관리비	ⓒ 전기료 실비	ⓓ계(ⓐ+ⓑ+ⓒ)	ⓔ 부가세	지체 이율	지체 일수	ⓕ 연체료	ⓖ합계 (ⓓ+ⓔ+ⓕ)
연체 내역	19년 04월	1,500,000			1,500,000		12%	20	9,863	1,509,863
	19년 05월	2,000,000			2,000,000		12%	20	13,150	2,013,150
	19년 06월	2,000,000			2,000,000		12%	20	13,150	2,013,150
	19년 07월	2,000,000			2,000,000		12%	20	13,150	2,013,150
	19년 08월	2,000,000			2,000,000		12%	20	13,150	2,013,150
	19년 09월	2,000,000			2,000,000		12%	20	13,150	2,013,150
	19년 10월	2,000,000			2,000,000		12%	20	13,150	2,013,150
	19년 11월	2,000,000			2,000,000		12%	20	13,150	2,013,150
	19년 12월	2,000,000			2,000,000		12%	20	13,150	2,013,150
	20년 01월	2,000,000	1,000,000	200,000	3,200,000	300,000	12%	-	-	3,500,000
	소계	19,500,000	1,000,000	200,000	20,700,000	300,000			115,063	21,115,063

직전 납입일	다음 입금일	일수
2019-12-26	2020-01-15	20
2019-12-26	2020-01-15	20
2019-12-26	2020-01-15	20
2019-12-26	2020-01-15	20
2019-12-26	2020-01-15	20
2019-12-26	2020-01-15	20
2019-12-26	2020-01-15	20
2019-12-26	2020-01-15	20
2019-12-26	2020-01-15	20
2020-01-15	2020-01-15	0

납부기한일(매월 15일)로 부터 실제 납부일까지임

날짜	입금예정금액	미납금	미납잔액
2020.01.15	20,000,000	21,115,063	1,115,063

〈지체 일수 및 지연 이자 계산법〉

본 건의 연체 일수는 지급일 다음 날인 2019년 12월 27일부터 2020년 1월 15일까지 20일입니다. 월 임대료를 제외한 나머지 관리비 등을 모두 납부하였으므로, 월 임대료에 대해서 20일 치 지연 이자가 적용됩니다. 연체료[연체료 계산식=미납 월 임대료×20일/365×12%]는 115,063원입니다.

위 그림은 엑셀로 작성한 임대료 및 관리비 연체 내역으로 기준일은 2020년 1월 15일 부분입니다. 연체 일수를 엑셀로 자동 산출하려면 '날짜빼기'(다음 입금일 - 직전 입금일)를 하면 됩니다. 강조 박스로 표시된 곳은 직전 납입일이고, 그 오른쪽이 다음 입금일이 됩니다.

장기 연체 중인 임차인이 도중에 조금씩 금액을 납부한다면 임대인은 납부일마다 엑셀 시트를 작성해야 합니다.

• 변제충당 예시

중간 납부가 있는 경우 공제(변제충당)는 연체료, 부가가치세, 실비, 관리비, 월 임대료 순서에 따릅니다.

임대료 및 관리비 연체 계산식

작성기준일 : 2020.01.15 (단위 : 원)

사옥명	월	ⓐ 월임대료	ⓑ 관리비	ⓒ 전기료 실비	ⓕ계(ⓐ+ⓑ+ⓒ)	ⓖ 부가세	지체 이율	지체 일수	ⓗ 연체료	①합계 (ⓕ+ⓖ+ⓗ)			
연체 내역	19년 04월	1,500,000			1,500,000		12%	20	9,863	1,509,863	2019-12-26	2020-01-15	20
	19년 05월	2,000,000			2,000,000		12%	20	13,150	2,013,150	2019-12-26	2020-01-15	20
	19년 06월	2,000,000			2,000,000		12%	20	13,150	2,013,150	2019-12-26	2020-01-15	20
	19년 07월	2,000,000			2,000,000		12%	20	13,150	2,013,150	2019-12-26	2020-01-15	20
	19년 08월	2,000,000			2,000,000		12%	20	13,150	2,013,150	2019-12-26	2020-01-15	20
	19년 09월	2,000,000			2,000,000		12%	20	13,150	2,013,150	2019-12-26	2020-01-15	20
	19년 10월	2,000,000			2,000,000		12%	20	13,150	2,013,150	2019-12-26	2020-01-15	20
	19년 11월	2,000,000			2,000,000		12%	20	13,150	2,013,150	2019-12-26	2020-01-15	20
	19년 12월	2,000,000			2,000,000		12%	20	13,150	2,013,150	2019-12-26	2020-01-15	20
	20년 01월	2,000,000	1,000,000	200,000	3,200,000	300,000	12%	-	-	3,500,000	2020-01-15	2020-01-15	0
	소계	19,500,000	1,000,000	200,000	20,700,000	300,000			115,063	21,115,063			

납부기한일(매월 15일)로 부터 실제 납부일까지임

날짜	입금예정금액	미납금	미납잔액
2020.01.15	20,000,000	21,115,063	1,115,063

〈일부 변제 시 공제 순서〉

만약 같은 날 2,000만 원을 납부한다면, 연체료 약 11만 원, 부가세 30만 원, 전기료 실비 20만 원, 관리비 100만 원을 먼저 공제한 뒤 남은 금액을 월 임대료에서 공제합니다.

총 미납금 2,111만 원에서 2,000만 원을 공제하고 남은 부족금 111만 원은 미납금으로 남게 되어, 다음 날부터 다시 연 12%의 지연 이자가 붙기 시작합니다.

연체이율 약정이 없는 연체 이자 계산법(보증금 공제 순서)

상가 임차료가 미납되고 있는데, 연체이율에 대해 미리 약정하지 않았습니다. 이 경우 지연 이자를 받을 수 있을까요? 또 몇 %를 부과해야 하는지 알아보겠습니다.

결론부터 말하자면 미납 금액에 대해 별도의 약정이 없더라도 상법에 따라 연 6%, 소송 제기 시 일정 시점 이후 12%를 청구할 수 있습니다. 즉 상법, 기타 법률에서 정한 법정이율을 받을 수 있는 것입니다. 그 외 연체 이자 계산 방법, 일부 납부 시 연체 일수 계산 및 공제(변제충당) 순서는 앞에서 이미 살펴본 방식과 동일합니다.

약정이율 우선의 원칙

당사자들의 사적 영역에서 선택과 판단은 존중된다는 '사적 자치'의 원칙에 따라 당사자 사이에 정한 연체 특약은 원칙적으로 유효합니다.

약정이율이 없다면 법정이율 적용

약정한 이율을 정하지 않았어도 지연에 대한 책임을 물을 수는 있습니다. 상가임대차계약이라면 상법, 상가건물임대차보호법이 적용되므로 미납금에 대해 연 6%의 지연 이자를 청구할 수 있습니다. 주택의 경우 민법이 적용되어 연 5%의 이율이 적용되지만 지연 이자까지 청구하는 사례가 많지는 않은 것 같습니다.

임차료 월 200만 원, 관리비 100만 원
(실비 별도, 임차료, 관리비 각 부가세 있음)

〈상가임차계약 조건〉

구체적인 예시

임차인이 코로나 등으로 2019년 4월분부터 연체를 하고 있습니다. 다행히 2019년 12월 26일 일부 미납금을 상환하였는데 지연 이자, 부가가치세, 실비(전기료), 관리비까지는 변제하였지만 임차료는 2019년 4월분 200만 원 중 50만 원만 변제되었습니다.

2020년 1월, 1월분 월 임차료 200만 원, 관리비 100만 원(임차료, 관리비, 각 부가가치세 별도)과 실비 20만 원이 새롭게 청구됩니다. 납부 기한을 1월 15일로 정하였습니다. 임차인은 2020년 1월 15일 2,000만 원을 납부할 예정입니다. 지연이율과 변제충당 순서를 정하지 않은 것만 제외하면 앞에서 소개한 사례와 동일합니다.

• 입금일 기준 미납 금액 확인

2020년 1월 15일 현재, 미납 금액은 연체료를 합쳐 모두 2,105만 원 정도 됩니다. 세부 항목을 살펴보니 지난 2019년 12월 26일 납부 이후 미납 월 임대료에 대해 20일의 지연이 발생했습니다. 그리고 1월분 청구금액에 대해서는 납부 기한 이내이므로 지연 이자가 붙지 않습니다.

• 연체료 계산

중간 납부가 있는 경우 지체 기간은 연체료를 납부한 다음 날부터 납입일까지 계산합니다. 2019년 12월 27일부터 2020년 1월 15일까지 연체 일수는 20일입니다. 월 임대료를 제외한 나머지 관리비 등을 모두 납부하였으므로, 월 임대료에 대해서 20일 치 지연 이자가 적용됩니다. 연체료(미납 월 임대료×20일/365×6%)는 57,531원입니다.

임대료 및 관리비 연체 계산식

작성기준일 : 2020.01.15 (단위 : 원)

사옥명	월	ⓐ 월임대료	ⓑ 관리비	ⓒ 전기료 실비	ⓓ계(ⓐ+ⓑ+ⓒ)	ⓔ 부가세	지체 이율	지체 일수	ⓕ 연체료	ⓖ합계 (ⓓ+ⓔ+ⓕ)
연체 내역	19년 04월	1,500,000			1,500,000		6%	20	4,931	1,504,931
	19년 05월	2,000,000			2,000,000		6%	20	6,575	2,006,575
	19년 06월	2,000,000			2,000,000		6%	20	6,575	2,006,575
	19년 07월	2,000,000			2,000,000		6%	20	6,575	2,006,575
	19년 08월	2,000,000			2,000,000		6%	20	6,575	2,006,575
	19년 09월	2,000,000			2,000,000		6%	20	6,575	2,006,575
	19년 10월	2,000,000			2,000,000		6%	20	6,575	2,006,575
	19년 11월	2,000,000			2,000,000		6%	20	6,575	2,006,575
	19년 12월	2,000,000			2,000,000		6%	20	6,575	2,006,575
	20년 01월	2,000,000	1,000,000	200,000	3,200,000	300,000	6%	-	-	3,500,000
	소계	19,500,000	1,000,000	200,000	20,700,000	300,000			57,531	21,057,531

납부기한일(매월 15일)로 부터 실제 납부일까지임

날짜	입금예정금액	미납금	미납잔액
2020.01.15	20,000,000	21,057,531	1,057,531

〈연체료 계산〉

• 변제충당 순서

연체료, 부가가치세, 실비, 관리비, 임차료 순서로 공제하는 것이 합리적입니다. 금전을 빌리고 모두 상환하는 것이므로 부족한 금원이 입금되었을 때 비용, 이자, 원금 순서로 갚는 것과 같은 이치입니다.

상가임대차계약에는 통상적으로 포함되는 조항입니다. 이러한 조항이 없더라도 '본 계약서에서 정하지 않은 사항은 시장의 관행에 따른다'라는 일반조항에 따라 앞에서 설명한 변제충당의 순서가 시장의 관행이라고 보아도 손색이 없을 것 같습니다.

변제충당 순서에 대해 미리 약속을 정하지 않았다고 해도 시장에서 일반적으로 사용되는 상가임대차계약의 관행에 따라 처리해 보기로 하겠습니다.

연체료 57,531원, 부가세 30만 원, 실비 20만 원, 관리비 100만 원을 공제한 후 남은 금액을 월 임차료에서 공제합니다. 액셀 계산식에 따르면 공제 후 미납 잔액은 1,057,531원입니다.

• 미납하고 있는 모든 금원이 연체료 대상

연체하고 있다면, 월 임차료, 관리비, 실비, 부가가치세에 대해 연 6%의 연체 이자 부과가 가능합니다. 각 항목의 연체료(미납 금액×일수/365×6%)를 합산하면 됩니다. 단 연체료에 연체 이자는 붙이지 않는 것이 시장의 관행입니다.

• 연체 일수가 각각 달라질 수 있음

매월 임차료별로 납부기일이 다르므로 지체 일수와 연체료도 달라질 수 있습니다. 장기 연체의 경우 엑셀 시트를 따로 만들지 않으면 계산이 좀 복잡해집니다(본 건은 2019년 12월 26일 항목별 연체료를 모두 납부하였기 때문에 납부 다음 날부터 다시 연체료가 부과되어 연체 일수가 우연히 같아졌습니다).

소송으로 미납금을 청구하면 연 12% 이율 적용

이해를 위해 임대인이 미납 잔액 1,057,531원을 받기 위해 임차인을 상대로 소송을 제기하는 사례를 살펴보겠습니다.

2020년 2월 1일 미납금 청구 소송을 제기하고, 2020년 2월 20일 소장이 임차인에게 송달되었습니다. 이때 적용되는 지연 이자율에 대한 설명입니다.

임차보증금 공제 등은 고려하지 않았고 임차료 등 추가 청구금이 발생하지 않았다고 가정합니다. 그러면 일반적인 상사채권의 지급을 구하는 금전 청구 소송이 됩니다.

임대인이 청구할 수 있는 금전은 미납 잔액 1,057,531원과 지연 이자입니다. 지연 이자는 세분됩니다. 즉 납부 기한 다음 날부터는 연 6% 그리고 소장부본 송달일 다음 날부터는 소송 촉진 등에 관한 특례법 제3조제1항에 따라 연 12%를 청구할 수 있습니다.

청구취지 작성

"피고(임차인)는 원고(임대인)에게 금 1,057,531원 및 이에 대해 2020년 1월 16일부터 소장부본 송달일인 2020년 2월 20일까지는 연 6%, 소장부본 송달일 다음 날부터 다 갚은 날까지는 연 12%의 금원을 지급하라."

미납 잔액에 대해 상사 법정이율 6%와 소장(소장과 비슷한 성질의 서류) 송달일 다음 날부터는 '소촉법(돈을 빨리 갚으라고 채무자를 압박하기 위해 만든 법)'에서 정한 이율 12%를 청구하는 작성례입니다. 참고로 소송 촉진 등에 관한 특례법상 지연 이율은 대통령령으로 정하며, 2022년 7월 25일 현재 연 12%입니다.

〈법정이율〉

소송 촉진 등에 관한 특례법 제1장 총칙 〈개정 2009. 11. 2.〉

제1조(목적) 이 법은 소송의 지연(遲延)을 방지하고, 국민의 권리·의무의 신속한 실현과 분쟁처리의 촉진을 도모함을 목적으로 한다.

[전문개정 2009. 11. 2.]

제2조(특례의 범위) 이 법은 제1조의 목적을 달성하기 위하여 법정이율(法定利率)과 독촉절차 및 형사소송에 관한 특례를 규정한다. 〈개정 2014. 10. 15.〉

[전문개정 2009. 11. 2.]

소송 촉진 등에 관한 특례법 제2장 법정이율에 관한 특례 〈개정 2009. 11. 2.〉

제3조(법정이율) ① 금전채무의 전부 또는 일부의 이행을 명하는 판결(심판을 포함한다. 이하 같다)을 선고할 경우, 금전채무 불이행으로 인한 손해배상액 산정의 기준이 되는 법정이율은 그 금전채무의 이행을 구하는 소장(訴狀) 또는 이에 준하는 서면(書面)이 채무자에게 송달된 날의 다음 날부터는 연 100분의 40 이내의 범위에서 「은행법」에 따른 은행이 적용하는 연체금리 등 경제 여건을 고려하여 대통령령으로 정하는 이율에 따른다. 다만, 「민사소송법」 제251조에 규정된 소(訴)에 해당하는 경우에는 그러하지 아니하다. 〈개정 2010. 5. 17.〉

② 채무자에게 그 이행의무가 있음을 선언하는 사실심(事實審) 판결이 선고되기 전까지 채무자가 그 이행의무의 존재 여부나 범위에 관하여 항쟁(抗爭)하는 것이 타당하다고 인정되는 경우에는 그 타당한 범위에서 제1항을 적용하지 아니한다.

[전문개정 2009. 11. 2.]

(권리금) 임차인이 쌓은 유형, 무형의 자산은 곧 재산

이번에는 상가 '권리금'에 대해 알아보겠습니다. 모호하고 눈에 잘 보이지 않지만, '대법관 출신 유튜버 1호'로 맹활약 중인 박일환 변호사의 저서《슬기로운 생활법률》(EBS BOOKS, 2021년 7월 20일 발행)에서는 '권리금'을 '전 삼계탕집 사장이 외진 곳에서 일군 음식점을 인수한 대가로 새 주인이 지급한 금전'으로 알기 쉽게 요약·설명했습니다.

> 30대 동부지방법원에서 판사로 근무하던 당시에 외진 곳인데도 재료를 넉넉히 쓰고 맛있는 삼계탕집이 생겼고, 손님이 많았습니다. 1년 뒤 새로운 사람이 그 가게를 인수하였는데 새 주인은 상당한 권리금을 주고 들어온 눈치였습니다. 외진 곳에 새로 가게를 내면 장사가 잘될지 확신할 수 없지만 이미 장사가 잘되고 있는 곳에 권리금을 주고 들어가면 어느 정도 수익을 보장받기 때문에 이런 계약 관계는 잘만 이루어진다면 서로에게 이득입니다.
>
> -《슬기로운 생활법률》(2021, 박일환 지음, EBS BOOKS) 내용 일부 요약

전 삼계탕집 사장을 편의상 상가 임차인으로 가정해 보겠습니다. 가게를 인수한 새 주인은 전 사장과 권리금

수수가 포함된 영업양수도계약을 체결하고, 상가 소유주와는 임대차계약을 체결(또는 기존 임대차계약을 승계)하게 됩니다.

법률로 인정되는 권리금

기존 시장에서 암묵적으로 인정되던 '권리금'을 2015년 상가건물임대차보호법 개정을 통해 공식적으로 인정하게 되었습니다. 이것은 임차인이 쌓은 무형의 자산도 경제적 가치가 있어 보호받아야 한다는 의미입니다. 임차인은 법으로 인정되는 권리금을 임대인에게 직접 청구할 수 없고, 다만 임대인이 새로운 임차인에게 권리금을 회수할 기회를 방해하는 경우에만 그 침해를 이유로 손해배상청구만 할 수 있기 때문에 일반인이 이해하기는 조금 어려울 수 있습니다.

권리금으로 인정될 수 있는 재산의 범위

유형의 자산(영업시설, 비품, 인테리어 공사)과 기존 임차인의 고객, 영업 노하우 등 무형의 자산도 가능합니다.

〈권리금의 정의〉

상가건물임대차보호법 제10조의3(권리금의 정의 등) ① 권리금이란 임대차 목적물인 상가건물에서 영업을 하는 자 또는 영업을 하려는 자가 영업 시설·비품, 거래처, 신용, 영업상의 노하우, 상가건물의 위치에 따른 영업상의 이점 등 유형·무형의 재산적 가치의 양도 또는 이용 대가로서 임대인, 임차인에게 보증금과 차임 이외에 지급하는 금전 등의 대가를 말한다.
② 권리금 계약이란 신규 임차인이 되려는 자가 임차인에게 권리금을 지급하기로 하는 계약을 말한다.
[본조신설 2015. 5. 13.]

임차인의 재산적 가치가 있고, 양도가 가능한 유, 무형 자산 모두 권리금의 대상이 될 수 있습니다. 사실상 제한이 없다고 보아도 무방합니다. 현장에는 바닥 권리금(상권과 입지), 영업 권리금(거래처, 영업 노하우), 시설 권리금이 있습니다.

영업 시설 등은 시설 권리금의 일종으로 거래됩니다. 예를 들어 피자 가게를 운영하는 임차인이 '권리금 없이 가게를 인수할 새 임차인을 물색'하고 있습니다. 조건을 살펴보니 기존의 화덕, 테이블, 주방 시설의 권리금이 없습니다. 만약 가게(영업) 인수 시 기존 임차권을 승계하는 조건이라면 명목상의 권리금은 없으나 실질적으로 권리금이 있다고 보아야 합니다.

즉 임차계약 종료 시 발생하는 원상복구 의무(화덕, 테이블, 주방 시설 철거 및 입주 전 상태로 원상복구 공사)도 인수하여야 합니다. 원상복구 의무 승계가 일종의 시설 권리금을 부담하는 것과 같습니다.

대신 당장 지급하지 않고 임대차계약 종료 시에 후불로 부담하는 권리금입니다. 원상복구 공사금 평균이 전용면적 당 100만 원이고, 가게 면적이 전용 20평 정도라면 가게(영업) 권리금을 2,000만 원 정도 부담한 것과 같다고 평가됩니다.

권리금은 이름 붙이기 나름입니다. 재산적 가치가 있고, 양도하거나 이용하면서 대가를 주고받을 수 있는 모든 자산은 권리금 명목으로 거래될 수 있습니다. 그리고 의무를 대신 부담하는 것도 넓은 의미에서 권리금의 한 종류가 될 수 있으니 이렇게 숨은 권리금을 잘 찾아내는 안목도 필요합니다.

권리금을 부담하고 막상 영업을 인수하였으나 예상보다 수익이 적다면 손해를 볼 수 있습니다. 기존 임대차계약의 만기가 짧다면 영업 양수 시 연장 계약을 미리 해두는 것도 좋습니다.

권리금은 임대인에게 직접 청구할 수 없다

권리금은 영업하려는 자 또는 신규 임차인이 되려는 자에게 주장할 수 있으나 임대인에게 직접 청구할 수 없습니다. 권리금의 속성은 '투자는 전 임차인에게, 회수는 다음 임차인에게, 임대인은 방해만 하지 마세요'로 요약됩니다.

영업을 인수하여 시작하려면 양수인(신규 임차인)은 현재 상가 임차인(삼계탕집 전 주인)에게 권리금을 투자하여 영업권을 인수하고, 향후 새로운 영업 희망자에게 영업권을 넘기면서 권리금을 회수할 수 있습니다.

권리금 사례

금융회사 지점 철수 시 권리금 문제는 발생하지 않는다

금융회사의 부동산을 관리한 담당자의 경험을 공유합니다. 1년에 3~4차례 지점을 신설, 이전, 폐쇄합니다. 지점의 신설 등은 10개 이상의 부서가 유기적으로 협업하고, 준비 기간 또한 1년 이상 소요되는 중기 프로젝트에 속합니다. 지역의 신규 지점이 설치되면 통상 최소 10년 이상 유지되고 관리 목적상 임대차계약 최초 기간은 3~5년 단위, 그 이후는 1~2년 단위로 갱신됩니다.

점포 전략은 장기로 수립하되 점포 사용 계약은 중기 단위로 나눕니다. 예상치 못한 사정 변경과 신설 때 초기 설치비용의 감가 상가 기간(4년 또는 5년) 등을 적절히 반영한 조치입니다.

지점의 신설, 이전을 위해 신규 임대차계약을 체결하고 폐쇄, 이전을 위해서는 기존 계약을 해지합니다. 지점에 변화를 주기 위해서 대략 1년 전부터 준비 기간을 갖게 되며, 상가 및 오피스 공간 물색, 지점의 신규 공사, 지점 이전, 고객 안내, 지점 이전 등기(지배인을 둔 장소 및 지배인 등기), 사업자등록 변경 등이 진행됩니다.

반면 지점의 철수를 위해 기존 고객 안내 및 철거공사 기간을 2개월 정도 잡습니다. 철거공사는 영업을 위해 설치하였거나 변경한 가벽, 간판, 로고, 전기배선, 상하수도 시설을 철거하고 원래의 위치로 돌려놓는 원상복구를 포함합니다.

실무에서는 철거공사보다는 원상복구 공사라고 부르며, 상가, 오피스를 사용하기 전의 상태로 돌려놓는 공사

일체를 의미합니다.

원상복구 기준은 신규 임대차계약을 체결할 때 미리 정함으로써 분쟁 발생 소지를 사전에 차단합니다. 즉 사용하기 전 상태를 담아 둔 사진, 도면 등을 임대차계약서의 일부로 포함시킵니다. 간혹 원상복구 공사와 관련하여 임대인(소유주)과의 협의로 전부 또는 일부의 공사 대신 현금 정산을 진행하는 사례도 있습니다.

신규 임차인이 이미 구해진 경우로 전 임차인이 원상복구 공사와 새로운 임차인의 신규 인테리어 설치 공사 범위가 중첩되는 경우 현금 정산 합의가 이루어집니다.

예를 들면 천장을 최초 분양받은 상태로 만들더라도 신규 임차인은 이를 다시 뜯어내고 본인이 원하는 콘셉트의 인테리어 공사를 하게 됩니다. 부분적으로 이러한 공정을 생략하여 절약한 비용을 전 임차인, 임대인, 신규 임차인이 골고루 배분할 수도 있습니다.

금융회사 지점의 신설, 이전, 철수 시 상호, 시설, 기존 고객(영업)의 양수도 이슈가 전혀 발생하지 않습니다. 따라서 권리금 이슈는 생길 여지가 없습니다. 임차료를 체납하지 않으므로 금융회사 지점은 임대인이 선호하는 1순위 임차인이 되는 것 같습니다.

실제 사례(물리치료실 양수)

단편적인 사례지만 영업을 양수하려는 입장에서의 권리금을 살펴보겠습니다. 제 감각으로는 양수인이 조금 손해를 보는 구조였는데, 독자들의 판단은 어떠할지 궁금합니다.

상가 매니저가 있습니다. 규모는 그리 크지 않고 직원은 2~3명입니다. 사장은 자본만 투자하고, 월급을 받는 상가 매니저가 3년 동안 선불 회원제 고객을 관리하고 있습니다. 사장은 초기 자본을 투자한 뒤 투자금을 모두 회수하고 일정한 수입을 거둔 후 가게를 그만 운영할 생각입니다.

어느 날 사장은 매니저에게 권리금을 주고 가게를 인수할 것을 제안합니다. 가게 사장이 되는 게 꿈이었던 매니저는 이 가게를 인수하기 위해 어느 정도의 권리금을 치러야 할까요?

운동을 함께하는 물리치료사 후배가 받은 제안입니다. 그 가게는 사실상 물리치료사인 매니저가 운영했습니다. 저는 '권리금 0원' 또는 오히려 '500만 원을 받아야 한다'고 생각했습니다. 회비를 선불로 지급한 고객에게 물리치료를 해줄 의무를 승계하고 설치한 시설, 운동기구, 인테리어 공사는 임차계약이 만료되면 철거하거나 원상복구 대상일 뿐입니다. 그때는 코로나로 사회적 격리를 하던 때라 신규 고객이 없는 상태였습니다.

- "글쎄요. 보통 권리금은 부르기 나름이고 협의하기 나름인데, 누가 더 급한지 봐야 하지 않을까요. 요즘 코로나 시국이라 사업권 양수도 거래가 잘 안될 텐데요. 사장은 그만두고 뭐한대요?"

매니저보다는 사장이 더 급해 보였지만 결국 일정 금액의 권리금을 지급하고 영업권을 승계했다고 합니다.

- "잘됐네요. 사업 타이밍은 운도 많이 작용하니까요. 기존 임대차계약 만기가 짧으면 곤란할 수 있으니…."
- "임대차계약은 승계 계약 대신 새롭게 계약하는 것이 좋을 수도 있어요."

지급한 권리금을 회수하려면 임차 기간이 넉넉해야 합니다. 기존 임대차계약을 승계하면 기존 임차인의 계약 위반 사실도 승계될 수 있고, 상호를 동일하게 사용하면 영업상의 채무도 승계될 수 있습니다. 새롭게 사업자등록을 하고, 상호도 바꾸며, 임대차계약도 다시 하는 게 좋습니다.

3년에서 5년 정도 충분히 터를 닦으면 월급을 받는 매니저보다 결과가 더 좋을 수 있을 것이라는 예상도 가능합니다. 권리금을 더 깎았으면 좋았겠지만, 착실히 운영해서 다음 후배에게 좋은 조건으로 권리금을 받고 넘기면 될 것 같습니다.

2015년 권리금의 탄생 배경

관행상 시장에서 인정되던 권리금은 지위가 불안정하였고, 법으로 인정한 권리금은 그 성격이 모호합니다. '법률' '권리'는 추상적이라 눈에 보이지 않지만 우리 삶을 정하는 기준이 됩니다. 손을 쓸 수 없을 정도로 상황이 나빠져 금전적으로 큰 손실을 보지 않기 위해서라도 권리금의 특성을 명확히 파악할 필요가 있습니다.

어려운 법률이 있을 때 당시의 사정이나 제정 이유, 연혁 등 전반적인 부분을 살펴보면 의외로 쉽게 이해될 때가 있습니다. 법률도 결국 사람이 만든 창조물이기 때문입니다.

2015년 상가건물임대차보호법 개정으로 권리금이 제도적으로 인정받게 됩니다. 당시의 신문 기사를 보니 이미 사회에서는 상가 권리금을 주고받는 관행이 있었습니다. 다만 임차인의 권리금 명목의 투자금은 회수 여부가 임대인의 손에서 결정되다시피 했다고 합니다.

임대인이 기존 임차계약을 연장하지 않겠다고 마음먹으면 임차인은 투자금도, 이루어 놓은 '상권'도 모두 날리게 되는 구조로 임대인이 계약연장을 허용하면 비로소 임차인이 권리금 등을 회수할 수 있었습니다. 하늘 같은 임대인이라는 말은 이런 상황에 딱 맞는 표현입니다. 반대로 임차인의 지위는 매우 열악했던 것입니다.

현행법은 임차인이 투자한 비용이나 영업활동의 결과로 형성된 지명도나 신용 등의 경제적 이익이 임대인의 계약해지 및 갱신 거절에 의해 침해되는 것을 그대로 방치함. 그 결과 임대인은 새로운 임대차계약을 체결하면서 직접 권리금을 받거나 임차인이 형성한 영업적 가치를 아무런 제한 없이 이용할 수 있게 되지만 임차인은 다시 시설비를 투자하고 신용확보와 지명도 형성을 위하여 상당 기간 영업 손실을 감당하여야 하는 문제점이 발생하고 있음.

(상가건물임대차보호법 일부개정 2015. 5. 13. 개정 이유)

당시 법제처는 '임대인은 직접 권리금을 받거나 임차인이 형성한 영업적 가치를 아무런 제한 없이 이용하지만 임차인은 다시 다른 곳에서 시설비를 투자해야 하는 문제점이 있다'라고 표현하였지만, '임대인에게 빼앗겼다' 또는 '약탈당했다'라는 일상적인 표현이 더 사실적이고 진실에 가깝습니다.

임대인이 직접적으로 뺏지 말라는 취지의 '권리금 약탈 금지'와 임차인이 이를 회수할 수 있도록 협조하라는 취지의 '권리금 회수 기회'를 줘야 한다는 표현이 담긴 입법 개정안이 국회를 통과하게 됩니다.

2015년 임차인이 승계받거나 이룬 유무형의 자산에 대해 권리금이라는 명칭을 붙여 법의 테두리 안에 담았습니다. 다만 임대인에게 직접 청구할 수 있는 권리까지 포함되지는 않았습니다.

권리금은 임차인 상호 간에 주고받는 금전으로 임대인이 관여할 여지가 적고, 임대인에게 권리금 반환 의무를 부과하면 새로운 상가 매수자에게 예상치 못한 금전적 부담을 줄 수 있어 권리금을 과하게 인정하기보다는 수용할 수 있는 최소한의 수준까지만 인정하게 된 것으로 평가할 수 있습니다.

임대인에게 권리금의 직접 청구가 가능하다면 임차인의 권리금 '부풀리기' 위험도 있습니다. 임차인의 노력으로 본인의 사업을 일궜으니 권리금이 높은 것이라고 주장할 것이고, 임대인은 이에 맞서 상가의 위치 때문이라는 점을 강력히 주장할 수 있습니다. 권리금이 얼마인가의 문제와 권리금에 대한 기여도 분쟁은 끊이지 않았을 것입니다.

가상의 사례를 통해 권리금을 산정하는 방식과 임차인의 권리금을 임대인에게 뺏기는 유형을 소개합니다.

상가를 임차하여 삼계탕 가게를 열었습니다. 기존의 가게 운영자에게 권리금을 주고 비용을 투자하여 시설을 업그레이드했을 수도 있고, 처음 가게를 열었다고 해도 상관이 없습니다. 전 임차인에게 주었던 금원도 권리금(바닥 권리금, 영업 권리금)이 되고, 시설을 좋게 만들어 성실과 노하우로 단골을 늘리면서 키운 상권도 권리금(인테리어 비용은 시설 권리금이고, 바닥 권리금, 영업 권리금의 액수가 늘었을 수도 있습니다)의 개념에 속합니다.

앞으로 가게를 인수하여 벌 수 있는 매출에서 가게 운영비, 인건비 등을 뺀 수익에 영업 예상 활동기간을 계산하는 방식으로 권리금을 계산해 보았습니다. 감정평가 방식 중 '수익환원법'입니다. 월세가 들어오는 주택의 매매가격을 구할 때 이 방법이 사용되기도 합니다.

임차료(월세, 임대료) 100만 원, 보증금 3,000만 원인 투룸의 매매가격을 살펴보겠습니다. 월세 연간액 1,200만 원을 연간 기대수익률 6% 기준으로 계산한 금액 2억 원(1,200만 원/0.05)에 보증금 3,000만 원을 더하여 매매가격을 구하는 방식입니다(여러 방식을 두루 고려하는 것이 감정평가의 핵심입니다. 시세도 물어보고, 경제적 사정도 보고, 물건의 상태도 보는데, 그중 벌 수 있는 금액을 핵심으로 두는 게 수익환원법입니다).

앞으로 매출을 일으킬 수 있는 영업 기회(사업권)를 돈으로 계산하여 임차인 사이에 주고받는 거래가 권리금의 핵심입니다.

삼계탕 가게를 차려 성실함과 노하우로 단골을 만들고, 누가 보더라도 가게를 인수하면 돈을 벌겠구나 싶었는데, 소유주가 임차계약의 갱신을 거부합니다. 그 공간이 없으면 사실상 의미가 없어 임차인이 내쫓기는 모양새입니다.

당시의 신문 기사를 보니 건물주 변경, 임대료 폭등의

방법도 함께 사용되었다고 합니다. 결국 종전 임차인을 내쫓고, 종전 임차인의 몫인 상가 권리금을 임대인이 신규 임차인에게 받거나 임대인이 직접 운영하는 소위 '상가 권리금 약탈 행위'였습니다.

현재의 권리금 분쟁 유형

2015년 입법 후에도 권리금 분쟁은 발생하고 있지만 과거보다는 갈등의 양상이 달라지고 세분되고 있습니다. 이제는 임차인의 권리금을 권리성을 인정한다는 전제하에 '권리금 회수 기회가 보장되었는가?' '방해행위로 사실상 뺏은 것은 아닌가?'가 핵심으로 다루어집니다.

나아가 ① 악성 임차인의 권리금도 보호하여야 하는가(보호되지 않는 게 원칙), ② 임차 기간 10년을 다 채워 계약갱신이 되지 않는 임차인의 권리금도 보장해야 하는가(이 경우에도 보증금 회수 기회 부여), ③ 인정되는 권리금이 얼마이며, 어떠한 기준으로 계산하는가(당사자가 주장하는 금액과 감정평가 금액 중 낮은 금액 인정), ④ 어떤 경우 임대인이 권리금 회수 방해 금지 행위 위반을 인정할 수 있는가(임대인이 임차인이 주선한 신규 임차인과 임대차계약을 체결하지 않겠다는 점을 명백히 밝힌 경우는 방해 행위 인정, 기타는 방해하였는지 여부에 대하여 상호 주장 입증 대상), ⑤ 임차인이 권리금을 주장하면서 임대인의 명도청구를 거절할 수 있는지가 다루어지고 있습니다(동시이행 권리가 인정되지 않아 권리금을 이유로 명도를 거절할 수 없음).

임차인이 신뢰를 잃으면 권리금은 인정되지 않는다(3기 연체)

임차인이 신뢰를 잃으면 권리금은 인정되지 않습니다. 때로는 신뢰 관계 때로는 긴장 관계인 임대차계약은 참 모호합니다. 신뢰 관계 유지가 중요하다고 하면서 조금이라도 이득을 더 얻기 위해 신경전을 펼치기도 합니다.

상가 임차인과 임대인은 신뢰 관계를 형성하고 유지하는 것이 중요합니다. 신뢰가 깨지는 경우 '권리금 회수' 기회가 박탈됩니다. 임차료 연체를 이유로 계약해지를 당하면 권리금 회수의 길은 멀어집니다. 권리금은 전 임차인에게 투자하고, 다음 임차인에게 받을 수 있는 성질의 금원입니다. 임대인은 임차인의 권리금 회수 기회를 박탈하지 못하여 임차인이 데리고 온 다음 임차인과 임대차계약(승계)을 체결하여야 합니다.

임대인과 임차인의 신뢰 관계가 이미 훼손된 경우에도

임대인에게 이러한 의무를 부과한다면 지나치게 가혹한 결과가 발생합니다. 신뢰 관계 유지 여부와 관련된 권리금 사례를 몇 가지 살펴보겠습니다.

권리금과 계약갱신청구권 사이의 관계

권리금은 임차 상가(영업)를 유지하면서 얻은 자산에 형성된 가치입니다. 기업 인수합병 시 경영자의 경영권 프리미엄과 그 성질이 같습니다. 임차인과 임대인의 상가임대차계약이 연장되지 않으면 임차인은 그 공간에서 상가(영업)를 계속할 수 없다는 의미가 되고, 그 공간에서 영업을 운영함으로써 얻을 수 있는 권리금은 사라지게 됩니다.

원칙적으로 임차인의 계약갱신청구권과 권리금은 함께 움직이며 운명을 같이 합니다. 계약갱신청구권을 행사할 수 없으면(또는 거절되면) 임대차계약이 유지될 수 없고 영업에 기반한 권리금이 인정되지 않습니다. 임대인이 임차인의 임차료 미납으로 경제적 손실을 입고 있으므로 상식적으로 임차인의 임대인에 대한 권리금을 인정하지 않아야 납득이 가능합니다.

따라서 임차인의 계약갱신청구권이 인정되지 않을 때는 권리금도 인정되지 않는 게 원칙이고 임차인의 입장에서 계약갱신 거절은 곧 권리금 상실과 직결된다고 이해됩니다. 다만 주의해야 할 대법원 판결이 있습니다.

갱신청구권의 최대기간 10년을 다 사용하여 상가임대차계약이 더 이상 연장되지 못한 경우에도 임차인의 권리금 회수는 보호해야 한다는 판결입니다. 정확히는 임차인의 권리금 회수에 협조할 임대인의 의무를 인정한 것입니다. 상가 소유자 입장에서는 소유권을 지나치게 제한받는 측면이 있어 향후 입법으로 모순점을 해결하여야 할 것 같습니다.

신뢰 관계가 깨진 경우

법은 임차인에게 원칙적으로 상가임대차계약의 계약갱신권을 (폭넓게) 인정하고, 임대인에게는 거절할 수 있는 사유가 있을 때만 갱신을 거절할 수 있도록 정하였습니다. 법에서 인정한 임대인의 갱신 거절 사유는 3기 차임액에 이르도록 차임을 연체한 사실이 있는 경우, 거짓이나 부정한 방법, 파손, 불법 전대, 기타 임차인이 임차인으로서 의무를 현저히 위반하거나 임대차를 계속하기 어려운 중대한 사유가 있는 경우입니다.

일상용어로 바꾸면 '신뢰 관계 유지가 어려운 사유'라

고 할 수 있습니다. '기타 임차인이 임차인으로서 의무를 현저히 위반하거나 임대차를 계속하기 어려운 중대한 사유'는 구체적인 사안에서 별도의 판단이 필요합니다.

상호 간 중요사항으로 삼아 계약에 포함시킨 특약 위반이라면 신뢰 관계 파손으로 갱신 거절을 주장할 수 있습니다. 임대인의 입장에서는 임차인이 꼭 지켜야 할 중요사항이 있다면 이를 '특약'으로 계약서에 반영하기 위한 준비가 필요합니다.

다수의 대법원 판례에 따르면 상가건물임대차보호법, 주택임대차보호법에서 인정된 임차인 보호 조항은 임차료를 내지 않아 신뢰 관계를 파손시켰을 때까지 적용되는 것은 아니라고 판단하고 있습니다. 권리금 보호 조항도 마찬가지입니다.

3기 차임액에 이르도록 차임을 연체한 내역은 사라지지 않음

대법원은 3기분에 달하도록 차임을 연체한 내역이 있다면 상호 간 신뢰가 깨졌다고 판단했습니다. 비록 도중에 연체한 차임을 지급하였더라도 계약갱신 요청을 임대인이 거절한 것은 정당하다고 보았습니다.

[1] 상가건물임대차보호법(이하 '상가임대차법'이라고 한다) 제10조의8은 임대인이 차임 연체를 이유로 계약을 해지할 수 있는 요건을 '차임 연체액이 3기의 차임액에 달하는 때'라고 규정하였다. 반면 임대인이 임대차기간 만료를 앞두고 임차인의 계약갱신 요구를 거부할 수 있는 사유에 관해서는 '3기의 차임액에 해당하는 금액에 이르도록 차임을 연체한 사실이 있는 경우'라고 문언을 달리하여 규정하고 있다(상가임대차법 제10조제1항 제1호). 그 취지는, 임대차계약 관계는 당사자 사이의 신뢰를 기초로 하므로, 종전 임대차 기간에 차임을 3기분에 달하도록 연체한 사실이 있는 경우에까지 임차인의 일방적 의사에 의하여 계약 관계가 연장되는 것을 허용하지 아니한다는 것이다.
위 규정들의 문언과 취지에 비추어 보면, 임대차 기간 중 어느 때라도 차임이 3기분에 달하도록 연체된 사실이 있다면 임차인과의 계약 관계 연장을 받아들여야 할 만큼의 신뢰가 깨어졌으므로 임대인은 계약갱신 요구를 거절할 수 있고, 반드시 임차인이 계약갱신요구권을 행사할 당시에 3기분에 이르는 차임이 연체되어 있어야 하는 것은 아니다.
(대법원 2021. 5. 13. 선고 2020다255429 판결)

3기 차임 연체 이후 계약갱신, 신뢰 회복 여부는 별도의 판단 대상

3기 차임 연체 이후에 계약갱신이 한 번 이루어진 후 다음 만기 때 기존의 3기 연체 내역을 이유로 계약갱신이 가능한지에 대한 문제입니다.

위의 사건에서 임차인 측은 계약갱신으로 '신뢰가 회복'되었으니, 기존의 3기 연체 효력은 소멸하였다고 주장하였습니다. 대법원은 '종전 임대차계약 차임을 3기 연체한 사실이 있다면' 신뢰가 깨진 것이라고 판단하였습니다. 계약갱신이 이루어진 경우, 서로 신뢰가 회복되었는지에 대해서는 상세히 설명하지 않았습니다.

대법원이 '종전 임대차 기간에 차임을 3기분에 달하도록 연체한 사실이 있다면' 갱신계약이 되었다고 하더라도 임대인이 이를 이유로 계약갱신을 거절할 수 있다고 판단하였기 때문에 '종전 계약'에서 3기 연체한 내역이 있다면 단순히 계약갱신했다는 사정만으로 임대인의 갱신거절권이 소멸되지 않는다고 해석해야 할 것 같습니다. 이것은 임차인에게 다소 불리한 판례에 해당합니다.

임차인이라면 계약갱신하면서 특약을 추가해야 합니다. 즉 '지난 연체는 없었던 것으로 상호 합의한다' 또는 '연체 사실은 용서하기로 한다' '기존 연체는 상호 문제삼기로 하지 않는다'라는 내용을 계약 내용의 일부로 넣을 것을 요청하여야 합니다.

임대인이 동의한다면 임차인에게 불리하지 않으므로 사적 자치의 원칙에 기존 연체 내역이 없어지는 것으로 합의가 이루어졌다고 판단합니다. 동의 여부는 임대인의 선택사항입니다.

• 권리금이 존재한다는 이유로 건물명도 청구를 거부할 수 없습니다.

임차인의 권리금 반환청구와 건물명도 사이에는 동시이행 항변권이 인정되지 않습니다. 임대인에게 권리금을 청구할 수 있다는 이유로 건물명도를 거부할 수 없다는 뜻입니다. 상가 임차계약의 종료와 권리금은 따로 분리하여 판단합니다.

만약 임대인이 임대차보증금을 반환하지 않는 경우 이를 이유로 임차인은 임차 물건의 반환을 거부할 수 있습니다. 이에 반해 권리금은 임대인의 권리금 회수 기회 침해 행위로 인해 발생하는 권리로 구성됩니다.

법원이 권리금청구소송을 약정금청구소송이 아니라 손해배상 사건으로 처리하고 있는 것만 보더라도 알 수 있습니다. 권리금은 임대차계약과 법적인 연관성이 인정되지 않습니다.

그러므로 임차인은 본인이 물색한 제3자와의 임대차계약 체결을 거절한 임대인을 상대로 본인이 입은 손해를 입증(감정평가)하여야 합니다. 권리금은 당사자의 증거신청에 따라 법원이 지정한 감정평가인의 평가서를 기초로 인정됩니다.

참고로 부동산의 감정평가는 거래사례비교법(비슷한 지역의 실제 거래 가격 비교), 공시지가기준법(기준지 공시지가 대비 열위를 판단), 재조달원가(건물을 다시 짓는 경우 드는 비용에 감가상각 반영), 수익환원법(임차료 등 현금 수익을 평가하여 교환가치를 파악)을 종합하여 판단합니다.

권리금은 일정한 기준시점을 정한 뒤 영업 환경, 매출에 기여한 임차인의 기여도, 주변 상가 권리금의 시세에 대한 실지조사 자료를 기초로 산정됩니다. 평가서에 대해 당사자는 사전, 사후에 의견을 제출할 수 있는데, 일반인이 감당하기에는 조금 벅찰 수 있습니다.

• 계약 해지를 당한 임차인에게는 권리금 청구권이 인정되지 않습니다.

임차료 미납으로 계약 해지를 당한 임차인에게는 권리금 청구권이 인정되지 않습니다. 임차료 미납은 임대차계약의 신뢰를 깨는 가장 대표적인 행위입니다.

• 계약갱신권의 소멸과 권리금은 서로 연관되지만 예외가 있습니다.

계약갱신권이 소멸된 경우라도 권리금 청구는 인정되는 예외 사항이 있어 주의를 요합니다. 임차인은 계약갱신청구권을 행사하여 최대 10년까지 상가를 임차할 수 있는 권리가 인정되는데, 임차인이 10년 동안 상가를 임차하여 더 이상 갱신청구권을 행사할 수 없더라도 권리금은 인정됩니다.

권리금과 임대차계약의 법적인 연관성이 인정되지 않기 때문에 권리금으로 동시이행항변권이 인정되지 않는다는 맥락과 같습니다. 이 내용은 임대인이 착각하기 쉽습니다.

상가 영업 양수인의 유의 사항(권리금 부분)

1. 과다한 권리금 지급하지 않기

유행과 트렌드가 빠르게 변화하고 있습니다. 영업권을 인수하려는 시점이 해당 산업이 최고점에 이른 시기는 아닌지 살펴야 합니다. 상권과 입지도 항상 변화하기 때문에 이를 반영한 권리금(바닥 권리금)도 크게 요동치고 있을지 모릅니다. 꺼지기 직전의 사업을 인수하였다면 인수 시점의 권리금이 '고평가'되었을 확률이 높습니다.

예를 들어 특정 상가의 가게를 인수하고 싶다면 요일과 시간대를 달리하여 지인과 함께 상가를 재방문하여 유동 인구나 방문객을 수시로 체크하여야 합니다. 권리금 산정에 기초가 되는 '단골 수' '회원 수' '매출' 등이 1년~2년 전에 비해 어떻게 변해왔는지 중기적으로 챙겨보는 것도 좋은 방법입니다.

2. 권리금 특약은 자세히 기록

권리금 액수를 뭉뚱그리지 않고 항목별로 나누어 기록해야 합니다. 예를 들어 권리금이 500만 원이라면 한 달 평균 매출(특정한 수치)에 대한 바닥 권리금 200만 원, 회원 고객 20명에 대한 영업 권리금 200만 원, 인테리어 시설물 시설 권리금 100만 원 등 항목별로 금액을 나누어볼 수 있습니다.

500만 원으로 구두 계약하면 나중 사실과 달라도 속였다고 하기는 어렵지만 속인 것이 사실이라고 하더라도 명백한 기준과 증거가 없기 때문에 권리금을 돌려받기 어렵습니다. 고객 명단, 기존 임대차계약서, 상호에 관한 권리, 사업자등록 변경 등 가게 양수도에 필요한 사항을 모두 기록하고, 첨부서류도 꼼꼼하게 검토해야 합니다.

3. 상가임대차계약 챙기기

사업을 인수하기로 했다면 기존 임차인과 임대인 사이의 상가임대차계약서를 승계할지, 새롭게 계약서를 체결할지를 먼저 결정합니다. 기존 임차인의 지위를 승계하면 임차료 미납 내역 등 하자까지 모두 승계합니다.

상가임대차보호법에서 정한 최대 10년 임차 기간 중 이미 어느 정도 사용한 상태라면 법으로 보장받는 잔존 기간은 10년에서 기존 사용분을 뺀 기간이 됩니다. 영업을 잘해서 다시 권리금을 받아 나가야 하는데, 잔존 기간이 없으면 새로운 사람이 영업을 승계하게 되어 미래에 얻을 수 있는 경제적 가치는 떨어지게 될 것입니다.

기존 임차인이 해당 상가에서 가게를 운영한 기간이 꽤 오래된 상황에서 임대차계약을 승계하였다면 잔존 임차 기간이 얼마 남지 않게 됩니다. 기존 임대차계약 승계와 신규계약 사이에 어느 것이 유리할지는 경우에 따라 다르지만 기존 임차계약을 승계하면 임차 잔존 기간은 더 짧을 수 있습니다.

4. 기존 임대차계약 만기 확인 및 신규계약 체결하기

임대인과 임대차계약을 새롭게 체결한다고 가정하고 유의 사항을 몇 가지 살펴보겠습니다. '기존 임차인의 가게를 인수하지만 임대차계약은 새롭게 체결한다'라는 특약 정도면 임대인, 임차인 모두 이견은 없을 것 같습니다.

계약 기간은 2~3년 단위로 쓰면 적당합니다. 법에서 최대 10년까지 임차인의 갱신청구권이 인정되므로 기간을 길게 잡지 않고, 초기 계약 만기 전후로 같은 기간으로 연장하면 될 듯합니다.

계약이 종료될 때 원상복구 기준을 잘 챙겨야 합니다. 영업 양수도 시점의 현재 상태가 기준이 아니라 영업 양도인이 영업을 시작하기 전 상태가 기준이 될 것입니다.

예를 들면 계약이 해지될 때 원상복구 기준은 현재 영업을 진행하고 있는 상태가 아니라 영업을 시작하기 전 상태가 됩니다.

삼계탕 가게가 성업 중인 현 상태로 인수했다면 현재의 상태가 아니라 삼계탕 영업을 시작하기 전 상태를 말합니다. 보통은 상가 분양 초기 상태일 수도 있습니다. 사업권을 양도하는 현 임차인의 임대차계약서에서 정한 원상복구 조항 기준을 그대로 가져와도 무방합니다.

이때 기존 임차인이 사용하던 인테리어, 기구, 비품은 권리금 형태로 반영되지만 원상복구 대상이라는 관점에서 보면 철거비용으로 평가받을 수 있으니 잔존 기간의 변수를 적용하여 권리금 액수를 협의하는 게 좋습니다.

기존 임대차계약을 승계하면 기존 임차인이 갱신청구권을 행사한 사실까지 승계하여 잔존 기간이 남아 있지 않을 수도 있으니 신규 계약을 체결하여 임차계약의 최장 기한을 최대 10년까지 늘려 두는 게 안전합니다.

5. 신규 임차인의 입장 요약

숨은 권리금 파악하기, 영업 양수도 계약과 임차계약을 분리하여 체결해야 합니다.

3자 간 '임차인 승계 및 동의서'에 들어갈 내용(실무, 특약)

권리금 분쟁 때문에 임차인의 영업권을 제3자에게 넘길 때 임대인 측에서 이를 꺼리는 분위기도 감지됩니다. 괜한 권리금 분쟁에 휘말리고 싶지 않아서입니다. 그래서 임대인은 처음 들어온 상태로 돌려놓고 새로운 임차인을 받으려고 하기도 합니다. 원상복구 공사를 다 끝내고 새롭게 임차인을 받는 전략이 일견 안전해 보입니다.

간혹 전 임차인이 퇴거하면서 원상복구를 하지 않고 원상복구 합의금을 임대인에게 지급하는 경우가 목격됩니다. 임대인은 새로운 임차인을 적시에 구하여 임차인과 새로운 원상복구 합의를 정하게 됩니다. 임대인이 새로운 임차인과의 원상복구 협의를 잘 하면 임차료 외 원상복구 수익금을 추가로 얻을 수 있습니다.

이러한 합의가 불법은 아닙니다. 다만 이때 임대인과 신규 임차인 사이에 원상복구 기준을 정확히 정하지 않는다면 분쟁의 씨앗을 남겨두게 되므로 주의를 요합니다.

기존 임차인이 원상복구를 하지 않은 상태로 새로운 임차인이 시설물 등을 사용할 때, 예를 들어 기존 임차인(A)이 새로운 임차인(B)을 물색하여, 임대인과 A, B 3자가 체결하는 '임차인 승계 및 동의서'에 포함되어야 할 사항은 다음과 같습니다.

- 기존 임대차계약서를 새로운 임차인이 승계하고 임대인은 동의한다는 취지
- 임대차물건, 임대차보증금, 임차료, 관리비, 임대차기간 등 기존 임대차계약의 주요 내용을 언급(표로 작성해도 됨)
- '본 승계 계약서에 정하지 않은 나머지는 기존 계약서에 따른다'라는 내용 기재
- 확인 조항

  '기존 임차인, 신규 임차인은 임대인에게 본 임대차계약과 관련하여 권리금, 영업권 등 기타 일체의 금전적 보상을 직접 청구할 수 없고, 시설비, 이사비 및 기타 이에 준하는 비용을 청구할 수 없음을 확인한다'라는 내용을 넣습니다. 일종의 특약 조항으로 당사자 간 협의로 문구 조절이 가능합니다. 이 조항은 임대인을 배려하는 의도입니다.
- 임대인, A, B의 인적사항, 주소를 적은 후 서명 또는 기명날인하여 3부를 작성
- 기존의 임대차계약서를 승계 계약서 뒤에 첨부

본 3자 간 '임차권 승계 및 동의서'에 A와 B 사이의 권리금에 관한 사항이 포함되는 게 좋은지, 빼는 게 좋은지 의견이 나누어집니다. 포함된다면 임대인의 입장에서는 권리금을 책임지는 모양새로 보여 부담이 되지 않을까 싶습니다.

보통의 임대차계약서에서는 임차인이 임차권 양도, 전대차를 하려면 임대인의 사전 서면 동의를 받도록 정하고 있는데, 권리금이 있다는 조항이 있다면 임대인이 임차권 양도 자체를 거부할 위험성이 있습니다.

(대법원 판례) 권리금 회수 절차 거부 사유 소개

(1년 6개월 이상 영리목적으로 사용하지 아니한 경우)

상가 권리금에 관한 대법원 판례(2021. 11. 25. 선고)를 소개합니다.

1. 임대인이 권리금 회수 협조 의무를 거절할 수 있는 정당한 사유

임차인은 본인의 권리금 회수를 위해 임대인에게 본인이 주선한 신규 임차인과 임대차계약을 체결하도록 요청할 수 있고, 임대인은 정당한 사유가 있는 경우에만 거절할 수 있습니다. 상가건물임대차보호법 제10조의4제2항에 그러한 사유가 언급되어 있습니다. 소개할 사건은 '임대차 목적물인 상가건물을 1년 6개월 이상 영리 목적으로 사용하지 아니한 경우'에 해당되는지를 가리는 판례입니다.

상가건물임대차보호법 제10조의4(권리금 회수기회 보호 등)
② 다음 각 호의 어느 하나에 해당하는 경우에는 제1항제4호의 정당한 사유가 있는 것으로 본다.
1. 임차인이 주선한 신규 임차인이 되려는 자가 보증금 또는 차임을 지급할 자력이 없는 경우

2. 임차인이 주선한 신규 임차인이 되려는 자가 임차인으로서의 의무를 위반할 우려가 있거나 그 밖에 임대차를 유지하기 어려운 상당한 사유가 있는 경우
3. 임대차 목적물인 상가건물을 1년 6개월 이상 영리목적으로 사용하지 아니한 경우
4. 임대인이 선택한 신규임차인이 임차인과 권리금 계약을 체결하고 그 권리금을 지급한 경우

2. 이번 사건의 요약 및 법원의 판단

사실관계는 대략 다음과 같습니다. 임대인은 상가건물 재건축 등을 이유로 신규 임대차계약 체결을 거절하였습니다. 임차인은 권리금 회수 방해를 이유로 손해배상청구 소송을 제기하였고, 재판을 받는 도중 해당 임차 대상물이 포함된 상가건물을 영리 목적으로 사용하지 않게 되었습니다.

당시 1년 6개월 이상 상가건물을 영리 목적으로 사용하지 않았을 것을 그 누구도 예상하지 못한 듯하여 임대인이 계약갱신을 거부할 때 이 조항을 명시적으로 언급하지는 않았습니다.

대법원은 임대인이 다른 사유로 신규 임대차계약 체결을 거절한 후 사후적으로 1년 6개월 동안 상가건물을 영

리 목적으로 사용하지 않았다는 사정만으로 위 조항에 따른 정당한 사유로 인정할 수는 없다(대법원 2021. 11. 25. 선고 2019다285257 판결)고 판단하였습니다.

사안은 임대인이 '상가를 재건축한다' '상가를 대수선한다'는 이유로 임대차계약을 거절한 것입니다. 임차인은 당연히 권리금 회수를 방해했다는 이유로 임대인에게 손해배상청구를 하였고, 재건축과 대수선의 변명은 법원에서 받아들여지지 않았습니다.

그 와중에 해당 상가는 우연히(?) 공실인 상태로 1년 6개월 동안 사용되지 않았습니다. 법원은 '임대인이 당초 계약을 거절할 때 상가건물로 사용하지 않겠다는 점을 명확히 밝히지 않았으므로 임대인의 주장을 들어줄 수 없다'는 취지로 판단하였습니다.

3. 상세한 사실관계 및 분석

상세 분석을 위해 위 대법원 판결의 사실관계를 그대로 인용합니다. 권리금 손해배상 사건의 원고는 임차인, 피고는 임대인입니다.

- 원심 판결 이유와 원심이 적법하게 채택한 증거들에

따르면 다음과 같은 사실을 알 수 있다.

1) 원고는 2010. 10. 1. 피고와 사이에 이 사건 상가를 보증금 7,000만 원, 차임 월 235만 원, 임대차기간 2010. 10. 8.부터 2012. 10. 7.로 정하여 임차하는 임대차계약을 체결한 다음 위 상가를 인도받아 음식점을 운영하였다.

2) 원고는 2012. 10. 7. 피고와 차임을 월 255만 원, 계약기간을 2014. 10. 7.까지로 정하여 임대차계약을 갱신하였고, 2014. 10. 다시 동일한 조건으로 1년간 임대차계약을 갱신하였다.

3) 원고는 임대차기간이 만료되기 전인 2015. 7. 16. 소외인에게 이 사건 상가의 영업시설, 비품, 거래처 등 유·무형의 재산적 가치를 권리금 1억 4,500만 원에 양도하기로 하는 권리금 계약을 체결하고, 피고에게 소외인과 새로운 임대차계약을 체결하여 줄 것을 요청하였다. 그러나 피고는 노후화된 건물을 재건축하거나 대수선할 계획을 가지고 있다는 등의 이유로 소외인과의 임대차계약 체결에 응하지 않았다.

4) 원고는 2016. 6. 30. 이 사건 상가에서 퇴거하였다. 피고는 원고로부터 이 사건 상가를 인도받은 다음 원심 변론종결일인 2019. 9. 4.까지 이 사건 상가를 비워 두고 있다.

- 법원의 구체적인 판단

구 상가건물임대차보호법(2018. 10. 16. 법률 제15791호로 개정되기 전의 것, 이하 '구 상가임대차법'이라 한다) 제10조의4의 문언과 체계, 입법 목적과 연혁 등을 종합하면, 구 상가임대차법 제10조의4제2항제3호에서 정하는 '임대차 목적물인 상가건물을 1년 6개월 이상 영리 목적으로 사용하지 아니한 경우'는 임대인이 임대차 종료 후 임대차 목적물인 상가건물을 1년 6개월 이상 영리목적으로 사용하지 아니하는 경우를 의미하고, 위 조항에 따른 정당한 사유가 있다고 보기 위해서는 임대인이 임대차 종료 시 그러한 사유를 들어 임차인이 주선한 자와 신규 임대차계약 체결을 거절하고, 실제로도 1년 6개월 동안 상가건물을 영리 목적으로 사용하지 않아야 한다. 그렇지 않고 임대인이 다른 사유로 신규 임대차계약 체결을 거절한 후 사후적으로 1년 6개월 동안 상가건물을 영리 목적으로 사용하지 않았다는 사정만으로는 위 조항에 따른 정당한 사유로 인정할 수 없다.

- 해석

위 조항을 근거로 계약의 갱신을 거절하려면 처음부터 그 사유를 명확히 밝혔어야 한다는 취지입니다. 당시의 사정과 위 조항을 있는 그대로 해석해보면, 임차인이 당시 영업을 하고 있었으므로 임차 공간이 포함된 건물은 상가건물로 사용하고 있는 상태가 됩니다. 즉 권리금을 주장하는 상황이라면 논리적으로 상가건물로 사용하지 않는다는 주장은 성립되기 어렵습니다.

최근 판례[대법원 2022. 1. 14. 선고 2021다272346판결]는, 이 조항을 '임대인이 임대차 종료 시 1년 6개월 이상 영리 목적으로 사용하지 않을 예정이라는 사유를 들어 임차인이 주선한 자와 신규 임대차계약 체결을 거부하고, 실제로 1년 6개월 동안 상가건물을 영리 목적으로 사용하지 않아야 한다'고 해석하는 듯 보입니다.

법문은 '이미 1년 6개월 동안 영리 목적으로 사용하지 아니한 경우'라고 보는 게 합당해 보이나 거절 당시 임대인의 장래 영리 목적 미사용 계획을 밝히고, 그 시간 동안 이 상태를 유지한다면 임대인에게 위 조항에 의한 정당한 사유를 인정할 수 있다는 취지입니다.

이는 주택임대차보호법에서 임차인의 계약갱신청구권

을 임대인의 실거주를 이유로 밝히면 계약갱신을 거부할 정당한 사유가 인정된다고 해석하는 것과 같은 맥락으로 보여집니다.

그러나 상가권리금에 대한 경제적 이해관계가 첨예하게 대립되고, 일정한 기간이 지나면 상가권리금 입증과 산정이 현실적으로 어렵다는 점을 고려하면 법문에 반하는 해석으로 분쟁을 해결하기보다는 법률 개정으로 뜻을 명확하게 정리하여 불필요한 분쟁을 예방하여야 합니다.

제소전화해, 임차료 미납 그리고 상가임대차계약

코로나19로 사회적 거리 두기가 계속된 이유 때문인지 임대인의 권리행사가 본격화될 조짐이 보입니다. 다양한 유형의 상가임대차계약서에는 임차인이 임차료를 미납하면 임대인이 계약 해지나 계약갱신 요청을 거절할 수 있는 조항을 필수적으로 두고 있습니다(임대인의 권리금 보호 의무를 소멸시키는 조항을 명시적으로 두지는 않지만, 상가임대차보호법 등의 해석상 임차료 미납으로 계약 해지나 계약갱신 요청이 거부되면 권리금도 사라질 위험이 커집니다).

제소전화해 조서 작성 실무에 대해 알아보겠습니다. 실무자로서 경험이 많지는 않지만 임차인의 입장(영업점 사용 목적 등)에서 제소전화해 조항이 포함된 임대차계약서 초안을 자주 받습니다.

"우리 회사는 상장회사예요. 제소전화해 조서 조항을 받아본 적이 없어요."
"임차료를 미납한 적이 없는데, 그 건물에 금융회사가 들어오면 더 좋을 텐데요."

이렇게 협의하여 해당 조항을 자연스럽게(?) 빼는 스킬을 아주 쉽게 사용했습니다. 최근 요청 빈도가 늘고 임대인의 요청에 조금씩 힘이 실리고 있습니다.

현재까지 스킬이 통하고 있으니 아직 오피스 임대차 현장에서 제소전화해 조서 조항이 임대차계약 체결을 좌우할 정도로 첨예한 이슈가 되지는 않는다고 평가할 수 있습니다.

서울지역 대형건물(연면적 10,000평 건물을 프라임급 빌딩이라고 부릅니다)의 펀드 소유가 늘었고, 임차인의 임차료 미납이 점차 증가하고 있어 앞으로 어떻게 전개될지는 시간을 두고 유심히 지켜봐야겠습니다.

임대인의 입장(회사 자산)에서 실제로 제소전화해 조서를 받아 임차료를 장기 체납 중인 (악성) 임차인의 명도를 진행한 적이 있습니다(이미 장기 연체가 있던 중에 코로나19로 영업을 제대로 운영하지 못해서 얼음판 위를 걷듯 조심스럽게 신중에 신중을 기했습니다).

이제 본론입니다. 임대인은 왜 제소전화해를 선호할까요? 제소전화해 조서를 받으면 1심 '확정판결'과 동일한 효력이 있기 때문입니다. 추후 상대방의 계약 위반이 있으면 이미 받은 '확정판결'에 집행문을 받아 강제집행(명도, 금전 청구 등)을 할 수 있습니다.

임차인의 채무불이행 리스크 확대를 차단하고, 예측

가능한 범위에서 건물을 관리하는 데 아주 유용합니다. 또 당사자 간 분쟁이 생기더라도 신속하게 해결할 수 있다는 장점이 있습니다. 이미 판결을 받았으니까요! 재판으로 다투기 시작하면 1년에서 3년의 시간이 그냥 흘러갑니다. 그러니 초기비용은 좀 들지만 시간 절약 효과가 비용을 상쇄하고도 남습니다.

그래서 리츠(부동산투자회사)를 통해 투자금을 조달하여 건물을 보유한 펀드는 이 제도에 우호적인 입장입니다. 명목상으로는 한쪽 당사자의 의무 불이행 전에 이를 대비한다는 이유지만 현실적으로는 주로 임차료 미납을 대비하는 목적이 더 큽니다.

그래서 임대인 측이 마련한 표준임대차계약서(초안)에 제소전화해 조항이 기본 옵션으로 포함되어 임차인 측에 전달됩니다. 임차인 측은 일반적으로 이 조항을 걷어 냅니다.

반면 비용과 시간이 든다는 단점이 있습니다. 보험에 드는 셈이라고 하지만 현실적으로 그 보험의 수익자는 임대인입니다. 제소전화해 조서는 법원이 판결하듯 작성되며 알고 있는 것처럼 법원과 변호사가 등장하면 시간과 비용이 듭니다.

임대차계약 당사자가 변호사를 선임하여 제소전화해조서 신청서를 법원에 제출하고, 법원이 기일을 지정하면 당사자는 1~2회 출석을 해야 합니다. 법원은 당사자가 모두 출석하면 의견을 듣고 며칠 뒤 화해 결정문을 내리게 되는데 대체로 판결 선고 절차와 유사합니다.

문제는 당사자 출석입니다. 당사자가 합의해서 소 제기 전 합의한 내용을 법원을 통해 화해조서로 남기고 확정판결과 동일한 효력을 부여하다 보니, 법원은 당사자의 출석과 의견 청취를 중요시합니다(일반 판결은 당사자가 불출석하면 불이익을 주면 그만인데, 화해는 당사자가 있어야 합니다. 여기에 뉘앙스 차이가 조금 있습니다).

임대인 측은 변호사가 대신 출석하겠지만 임차인이 개인인 경우는 어떨까요? 동일 변호사, 법무법인이 임차인, 임대인 모두를 대리하지 않는 게 관행이니 임차인이 직접 법원에 가거나 대리인을 선임해야 합니다.

임대인, 임차인 측이 모두 동의하면 동일한 법무법인을 선임할 수도 있지만 임대인 측이 선임한 법무법인과 함께하는 것은 좀 꺼림칙한 일입니다. 결국 시간과 비용 최소한 둘 중 하나의 자원을 소비해야 합니다.

> 임대인과 임차인은 제소전화해 조서를 작성하기로 한다. 비용은 각자 부담한다(또는 1/2씩 부담한다).

〈통상적인 제소전화해 조서 조항〉

임대인이 보험 수익자라면 임대인을 위한 보험료 절반을 임차인이 지급하라는 뜻으로 해석될 수 있습니다. 이것은 지극히 개인적인 견해입니다.

다음은 제소전화해 조서가 어떻게 만들어지는지 살펴보겠습니다. 먼저 제소전화해 조서 신청서(정식 재판을 청구할 때 사용되는 소장과 같은 기능으로, 위임받은 변호사가 작성)와 첨부서류(당사자 사이에 체결한 임대차계약서, 소송위임장, 인감증명서 등 소장 제출 시 첨부서류와 동일)를 관할법원(임차물건 소재지 또는 임대차계약서에서 합의한 법원)에 제출합니다. 이때 제출한 임대차계약서 대부분의 내용이 그대로 추후 '화해조서'의 '화해조항'이 됩니다.

법원은 '임차인이 부속물 매수청구권을 포기한다'는 조항을 삭제하거나 '2기 차임이 연체되면 계약을 해지할 수 있다'는 조항에서 숫자를 '3기'로 바꾸는 등 임차인에게 불리한 조항을 '법률과 공평의 기준'에서 적절히 수정한 뒤 출석한 당사자가 이견이 없는지 묻고 절차를 완료

합니다.

화해조서는 판결문의 형식과 유사합니다. 크게 '화해조서' '화해조항' '청구의 표시'로 구성되며 법원주사(보)와 판사가 함께 기명날인하면 작성이 완료됩니다. 문서 제목은 '화해조서'로 '화해조항'은 기일에서 조정한 사항만 구체적으로 기재(예를 들면 '임대료 지급을 2회 연체하였을 경우'를 '임대료 지급을 3회 연체하였을 경우'로 수정)하고, 나머지는 별기 기재와 같다고 작성합니다.

나머지 화해조항은 별지로 첨부한 임대차계약서를 그대로 인용합니다. 결국은 당사자가 합의한 임대차계약서가 대부분 그대로 인정됩니다.

만약 상가임대차계약서에 제소전화해 조항이 포함된 계약서 초안을 임차인의 입장에서 받았다면 다음의 경우일 확률이 높습니다.

- 임대인이 대기업, 펀드 또는 이와 유사한 SPC 또는 PFV
- 임차 목적물은 대형건물의 오피스, 상가

그 계약서는 아마 계약 조항이 50개가 거뜬히 넘고 페이지 수가 많으며(대략 20p 내외) 글씨가 빽빽할 것입니다.

제소전화해 조항을 수용하기 어렵다는 완곡한 이유를

들어 최대한 버텨(?) 보고, 다른 조항도 꼼꼼히 리뷰하는 것이 좋습니다. 그 계약서는 현존 국내 최고의 법률 전문가들이 임대인을 위해 만들었기 때문입니다(또 화해조서가 작성되면 그 내용이 고스란히 확정판결이 됩니다).

PART

소송 진행을 위해 지식을 터득하는 과정도 학습, 실행, 코칭의 일반 학습원리가 적용됩니다. 변호사에게 소송 위임을 한다면 비용이 드는 대신 공부해야 하는 양과 시간을 절약할 수 있습니다.

코칭

- 변호사 상담받기 -

소송도 지식습득의 일반법칙(학습, 실행, 코칭)이 적용

소송이 전문 분야인 것은 사실입니다. 반면 많은 사람이 비교적 간단한 소송에 성공하고 있습니다. 익숙지 않은 소송절차나 법률용어도 인터넷 검색을 통해 쉽게 접할 수 있고, '키워드' 검색을 통해 소송유형을 찾아내기만 하면 안내에 따라 순서대로 해당 내용을 채워 넣으면 소장, 사실조회신청서, 문서제출명령신청서 등 소송서류 작성이 가능합니다.

소송은 생각보다 시간적 여유가 있습니다. 소장 작성, 제출 시기는 당사자가 선택하게 되며, 소장을 제출하고 최초 변론기일이 지정될 때까지는 2~3개월 정도가 소요

됩니다. 그사이 미흡했던 사항은 '보정명령'을 중심으로 보완됩니다.

답변서도 마찬가지입니다. 소장을 받고 답변서를 제출할 때까지 30일 정도의 시간적 여유가 있습니다(이행 권고 결정 등은 14일 이내에 답변해야 함). 답변서는 1~2장 정도 원고의 청구를 기각하여 달라는 답변 취지만 간단히 써서 제출하고, 자세한 이유는 1~2주 이내에 준비하여 답변해도 됩니다.

회사에서 업무를 맡게 된 상황에 빗대어 설명해 보겠습니다. 취직, 부서 이동, 이직으로 새로운 업무를 배정받게 됩니다. 업무를 파악하여(학습), 수행하고(실행), 결제 과정(코칭, 피드백)을 거치며 업무 경험을 쌓아갑니다.

초기에는 주변의 도움을 받거나 매뉴얼을 참조하겠지만 익숙한 단계에 접어들면 여러 분야가 얽힌 복잡한 업무를 풀고, 스스로 해결책을 도출하거나 매뉴얼을 만드는 단계까지 오를 수도 있습니다. 수업을 듣고(학습), 복습, 반복을 통해 익혀(실행), 시험(코칭, 피드백)을 거치면서 지식을 얻는 과정이 그대로 적용됩니다.

소송 진행을 위해 지식을 터득하는 과정도 학습, 실행, 코칭의 일반 학습원리가 적용됩니다. 변호사에게 소송 위임을 한다면 비용이 드는 대신 공부해야 하는 양과 시간을 절약할 수 있습니다. 인생을 결정지을 중요한 사건이라면 비용을 기꺼이 부담하고 위험을 줄여야 합니다. 소송은 까다롭고 번거로우니 스스로 하면 위험하다는 변호사들의 조언은 이러한 맥락에서 나온 것입니다.

일반인을 위한 법률 상식

내용증명

- 내용증명 자체는 효력이 없음(정황을 설명하거나 증거를 남기기 위해 사용)
- 내용증명은 한 번 해보면(실습) 따로 배우지 않아도 됨

내용증명의 핵심은 위 두 문장으로 설명이 가능합니다. 내용증명 자체는 법적 효력이 없습니다. 즉 수신한 내용증명을 받고 대응하지 않거나 무시해도 되는 경우가 상당히 많습니다.

A: "임차인한테 내용증명을 받았어요. 어떻게 하면 좋을까요?"

Q: "서류에 적힌 내용을 문자로 받았다고 생각해 보세요. 들어서 말이 안 되는 얘기라면 흘려듣잖아요. 마찬가지예요."

A: "그래도 제가 어제 답변을 써 봤는데, 한 번 검토해 주시겠어요?"

Q: "상대방 주장 자체가 터무니없으면, 대응이 시간 낭비인 경우가 있어요. 그래서 작성하신 답변도 안 봐 드립니다. 에너지 낭비하기 싫으니, 우리 밥만 맛있게 먹고 갑시다."

실제 사례입니다. 다세대 주택을 상속받아 임대인이 된 지인은 천성이 착해서인지 평소 한 임차인으로부터 황당한 요구를 받아왔다고 합니다. 결국 황당한 요청사항이 담긴 내용증명을 받았습니다. 의무에도 없는 돈을 달라는 요청인데, 응하지 않으면 법적인 조치를 하겠다는 내용이었습니다.

사실상의 근거 없는 협박 문서가 지인의 마음을 움직였는지, 지인은 '임대인은 법적으로 대응할 의무가 없다'라는 취지로 답장을 작성해온 모양입니다. '내용증명 자체는 효력이 없다'는 제 답변이 잘 들리지 않는지, 안심하고 싶은 건지 계속 봐달라고 부탁합니다. 아주 친한 사람이지만 저는 '에너지, 시간 낭비하기 싫다'며 매몰차게 거절하였습니다.

무의미한 내용증명을 서로 주고받지 말라는 배려도 일정 부분 포함되어 있었는데 조금 섭섭했을 수도 있을 것 같습니다. 최근 확인해보니 몇 년이 지났지만 걱정하던 법률 분쟁이나 소송은 생기지 않았다고 합니다.

내용증명을 받으면 기분이 좋지는 않습니다. 그렇다고 해서 일일이 답신을 보낼 필요는 없습니다. 내용증명에 대해 대응 여부가 궁금하다면 같은 내용을 핸드폰 문자로 받았다고 상상해보면 됩니다.

스팸 문자에는 아무도 대응하지 않죠. 간혹 보이스피싱에 속아 넘어가듯 서류에 담긴 요청과 위협 내용이 제법 진지하게 전달될 수도 있습니다. 그럴 때는 같은 내용의 소장(또는 판결)을 받았다고 상상해보기 바랍니다.

제3자 입장에서 봐도 황당하여 절대 들어줄 리 없다는 주장이라고 판단되면 그냥 무시해도 될 것 같습니다. 아무런 실체가 없는 글씨에 불과할 때가 많습니다. 서류에 적힌 글은 간혹 말보다 더 권위 있게 보이는 착각이 들 때가 있지만(심리적으로 공문서에 대해 더 신뢰하는 경향이 있습니다) 내용증명이라는 형식을 걷어 내고 그 내용만 살핀 후 대응할 가치가 있는지 판단해야 합니다.

분쟁이나 소송을 대비하기 위해 상황을 정리하거나 증거를 남기는 데 이용되기도 합니다. 우체국 소인이 찍힌 내용증명을 받거나 보내기로 생각한다면 아마 일이 잘 풀리지 않거나 갈등이 폭발하기 직전일 것입니다. 법률적 분쟁이 발생하였거나 곧 발생할 예정인 상황에서 당사자의 입장을 정리하여 상대방에게 전달할 때 내용증명이 활용됩니다.

계약 당사자 일방이 가진 철회권, 해지권, 만기 해지 의사, 계약갱신청구권 등 권리를 행사하거나 본인의 단호한 입장을 전달하는 수단으로 사용됩니다. 이때는 보통 수신 상대방도 동일한 방법으로 대응합니다.

예를 들어 임차인의 계약갱신청구권에 대해 임대인은 실입주를 이유로 이를 거절한다는 뜻을 내용증명으로 보낼 수도 있습니다.

또한 소송의 준비 행위로도 사용됩니다. 임대차계약이 만료되어 임차인이 임대인에게 보증금의 반환을 구하고 있으나 임대인이 반환하지 않고 있는 상황입니다. 임차인이 소송에서 승소하려면 ① 임대계약 체결 사실, ② 보증금을 지급한 사실, ③ 임대차계약 기간이 종료된 사실, ④ 임대인이 보증금을 반환하지 않은 사실(이를 **'요건 사실'**이라 부릅니다)을 주장, 입증하여야 합니다.

요건 사실 중 ①, ②, ③ 사실은 임대차계약서, 입금내역(영수증) 제출 등으로 입증이 가능하지만, 임차인이 임대인에게 보증금의 반환을 구하였으나 임대인이 반환하지 않았다는 사실은 이를 명백히 입증할 서류가 마땅치 않습니다. 그래서 임차인은 (보증금 반환이 어려운 상황임을 알더라도) 임대인을 상대로 보증금 반환요청 내용증명을 보내고, 이 서류를 입증자료 또는 참조자료로 제출하기도 합니다.

뜻만 명확하다면 서로 주고받은 문자, 카카오톡의 캡처 화면도 같은 기능을 한다고 생각합니다. 내용증명 자체가 효력이 있다기보다 그 속에 담긴 내용(의사표시 자체 또는 의사표시를 했다는 사실)이 더 중요합니다. 주고받은 문자 등이 모호한 경우라면 내용증명으로 뜻을 명확하게 표시해야 합니다.

내용증명은 한 번 해보면 따로 기억하지 않아도 될 정도로 간단합니다. 작성 요령은 대외 공문 또는 업무 서류 발송 방법과 거의 유사합니다. 즉 육하원칙에 따라 사실관계를 정리해서 원하는 내용을 적고, 발신인, 수신인 정보를 기재합니다. 이때 주의할 점은 다음과 같습니다.

- 우편으로 내용증명을 보낼 경우, 봉투 겉면의 수신자와 편지의 수신인 정보가 일치해야 합니다.
- 동일한 내용의 문서를 3부 준비합니다. 3부 모두 동일하여야 합니다.

사실관계나 요청사항을 간략하게 작성합니다. 힘과 공을 잔뜩 들이거나 길고 멋있게 쓰지 않아도 됩니다. 뜻만 통하게 전달하면 됩니다. 내용증명이라는 명칭에도 불구하고 우체국에서는 내용에 대해 검토, 심사하거나 이를 증명해 주지 않습니다.

우체국 직원은 본문에 적힌 수신자 정보(특히 주소, 성명)와 봉투 겉면의 해당 정보가 동일한지, 작성한 3부가 모두 동일한 서류인지 여부만 확인합니다. 내용증명도 해당 서류가 수신자에게 도착했는지만 증명하여 줍니다(3부 중 1부는 수신자에게 발송하고, 1부는 우체국 담당자가 접수 후 그 자리에서 발신자에게 반환하며, 나머지 1부는 우체국에서 보관합니다).

녹음 및 녹취록 작성

녹취록은 당사자 사이의 대화를 문서화한 기록입니다. 재판에서는 서류의 형태로 증거로 제출하며, 소송 상대방에 제출된 녹취록을 증거로 사용함에 동의하면 녹취록에 담긴 대화가 사실로 인정됩니다. 녹음이 없어도 승소할 수 있을 정도로 증거가 충분할 때만 셀프소송을 진행할 것을 추천합니다.

당사자 사이의 녹음은 불법이 아님

통신비밀보호법 제3조, 16조에서는 공개되지 않은 타인 간의 대화를 녹음하지 못하도록 정하고 있습니다. 타인 간의 대화를 몰래 도청하면 처벌을 받게 됩니다. 또 몰래 도청해서 얻은 녹음은 재판에서 증거로 사용할 수 없습니다.

여기서 핵심은 타인 간의 대화입니다. 대화의 참여자라면, 즉 본인이 참여한 대화는 녹음하여도 위법하지 않습니다. 설령 본인의 목소리가 녹음되지 않았더라도 대화의 참여자라면 녹음 행위는 위법하지 않습니다.

대화 내용을 기록으로 남긴다는 사전 고지를 하는 경우도 있지만 사전에 이를 고려할 필요는 없습니다. 그래서 대화 참여자 가운데 일방이 몰래 진행한 녹음도 재판에서 증거로 쓸 수 있습니다.

다른 결정적인 물증이 없고 상대방의 실토, 인정하는 말을 담기 위해 녹취를 시도합니다. 상대에게 알리지 않고 녹음하려면 미리 전체적인 흐름과 계획을 잘 세워야 합니다. 어떠한 흐름으로 대화를 진행할지, 상대방으로부터 핵심적으로 이끌어내야 할 말이 무엇인지를 파악할 필요가 있습니다. 반대로 분쟁이 예상되는 상대방이 대화를 요청하거나 통화를 시도한다면 상대방이 녹음을 시도할 가능성이 높으니 주의해야 합니다.

녹취록을 만드는 방법

녹음한 파일을 들고 공증사무소에 녹취록 작성을 의뢰합니다. 공증사무소는 파일을 듣고, 내용을 문서 형태로 작성하며, 녹음파일과 작성된 서류의 내용이 동일하다는 확인을 해줍니다.

법원에 제출하는 방법

서류 형태로 제출합니다. PDF 파일 등으로 작성된 서류를 첨부(또는 업로드)하는 방식으로 제출합니다. 변론기일에 증거 동의 절차를 거치게 되면 판단의 자료로 사용됩니다.

재판에서 중요한 '사실'

재판에서는 사실(요건 사실)을 주장하고 이를 입증하는 게 핵심입니다. 사실은 소송에서 다투는 쟁점에 관한 것으로 증거에 의해 인정됩니다. 소송과 무관한 사실, 감정, 평가에 관한 표현은 승소에 도움이 되지 않습니다. 법원은 '증거에 의해 인정된 사실'로 판단하고 원고, 피고는 본인에게 유리한 '사실'과 이를 뒷받침할 '증거'를 제시해야 합니다.

따라서 민사소송에 임하는 당사자는 소송 상대방과 감정싸움을 하거나, 상대방이 사실과 다른 주장을 한다고 하여 굳이 재판부에 상대방이 상습적으로 거짓말을 일삼는 나쁜 사람이라는 설명을 붙일 필요가 없습니다. 본인의 주장을 뒷받침할 증거를 충분히 제출하고, 증거에 대해 설명하는 데 집중해야 합니다.

상대방의 변명에 대해 반박하는 예시를 들어보겠습니다. "피고는 돈을 받았으면서도 빌린 것은 아니라고 주장합니다. 피고와 저는 그때 차용증서를 만들지는 않았지만 작년 5월에 피고의 계좌로 500만 원을 이체해준 것은 사실이고(계좌이체 명세서), 피고는 매달 저에게 이자로 돈을 지급했습니다(계좌이체 명세서)."

셀프소송을 진행하는 당사자의 서면을 보면, 상대방에 대한 좋지 않은 감정을 드러내거나 본인의 억울한 면을 감정적으로 호소하는 내용이 종종 발견됩니다. 공감보다는 객관적 사실의 주장과 입증이 중요하다는 것을 기억하기 바랍니다.

'사실'과 '진실'의 구분

일상생활에서는 '진실'이 더 긍정적인 뜻을 갖지만 재판에서는 사실과 진실의 구분이 필요합니다.

"재판장님 원고는 거짓말쟁이에 나쁜 사람입니다. 그 사람 말을 믿어서는 안 됩니다." "억울합니다. 진실을 밝히고, 정의를 세워주시기 바랍니다." 영화 속에서나 있을 법한 장면 같지만 현재 재판정에서 종종 목격됩니다.

냉혹한 이야기로 들리겠지만 민사소송에서는 당사자의 인격에 대한 평가, 감정, 소송과 무관한 진실은 그리 중요하지 않습니다. 상대방을 감정으로 물리칠 생각에 몰입하지 말고, **증거**로 상대방의 주장을 무력화하거나 본인의 주장을 관철하는 데 집중하여야 합니다.

'합리적인 의심'이 변호사의 최대 미덕이라면, 의뢰인(셀프소송을 하는 일반인)의 미덕은 '사실에 기초한 주장 및 증거 제시'입니다. 비용, 시간, 감정 소모를 최소화하면서 소송에서 이기는 길은 먼 곳에 있지 않습니다.

민사 소장을 받은 경우

14일 법칙: 이행 권고 결정문 도달 시 즉시 이의 제기
30일의 법칙: 일반 소장 도달 시 답변서 제출기한 30일

민사 소장을 받았을 때의 대응 요령은 내용증명을 수신하였을 때와 원칙적으로 동일합니다. 법원에서 온 서류라는 형식을 걷어 내고 원고의 요구사항을 들어줄 만한지 여부를 판단하면 됩니다. 원고의 청구가 다 맞는다면 다툴 실익이 그리 크지 않습니다. 만약 원고의 이야기 중 질적, 양적으로 일부라도 이의가 있다면 소장에 대한 답을 해야 합니다. 원고의 청구 전부 또는 청구 중 일부를 인정할 수 없다는 취지가 될 것입니다.

원고와 협의가 잘 이루어지지 않았기 때문에 소장을 받게 되었을 것입니다. 때로는 협의가 진행 중이거나 협

의가 완료되었음에도 다시 소 제기를 당한 경우도 있을 것입니다. 이와 같이 소송서류를 받게 된 원인과 이유는 제각각이어서 답변서를 작성하는 방법을 일반화하여 설명하기는 어렵습니다.

우선 유쾌하지 않고, 생각해보면 분하고 막막하며 당황스럽습니다. '올 것이 왔구나'라고 머리로는 수긍하면서도 마음속으로는 이를 피하고 싶은 생각이 들지도 모릅니다.

답변서 제출기한 지키기

소송의 원인은 계약서에 정한 의무 위반, 계약 조항의 상이한 해석, 당사자들만 아는 사건 발생 등 다양합니다. 사안이 복잡하므로 정리나 자료 수집을 위해 시간이 필요할 수 있습니다.

첨부된 소송안내서에는 30일 이내에 답변서를 제출하지 않으면 불이익을 당할 수 있다는 안내가 들어 있습니다. 먼저 원고의 청구를 기각(원고의 요청을 받아주면 안 된다는 뜻입니다)해 달라는 내용의 답변서를 늦지 않게 제출하여야 합니다. 상세한 사항은 추후 작성해서 제출하겠다는 내용을 기재합니다. 답변서는 기한 내에 꼭 제출해야 합니다.

소송에 대응하는 마음가짐

이제 원고의 선전포고에 응전(상대편의 공격에 맞서서 싸움)을 준비합니다. 양보할 수 없는 치열한 감정싸움, 자존심 대결, 목숨을 건 전투라고 생각하기 쉬우나 그렇지 않습니다. 소송은 **'팩트 싸움'**입니다.

원고에 대한 부정적인 감정을 가질 필요가 없습니다. 민사소송은 원칙적으로 복수 실현이나 정의 구현과는 거리가 있습니다. 간혹 당사자 간의 명예, 사회적 지위와 연관된 소송이 있을 수도 있겠지만 응전의 대상은 원고의 구체적인 청구이지 원고가 아닙니다. 소송에서 원고에 대한 감정을 드러내는 것은 그다지 좋은 전략이 아닙니다.

객관적인 판단이 진행될 것이라는 믿음

법원은 제3자이면서 심판입니다. 법원은 '원고의 청구'와 '피고의 답변' 중 무엇을 믿을지 선택합니다. 누가 더 합리적으로 주장하는지, 제출된 서류와 당사자 또는 제3자의 이야기('진술') 중 믿을 만한 것('진술'이라고 표현되고, 믿거나 못 믿거나 판단할 때는 '진술의 신빙성이 없다'고 배척합니다) 등 제출된 증거를 기초로 판단합니다. 무엇보다도 법원은 한쪽 당사자를 돕는 코치나 조언자가 아니라는 사실을 기억해야 합니다.

소액사건에서 법원의 직권 증거조사

소액사건은 법원의 직권으로 증거조사가 가능합니다. 변호사의 도움을 받지 않는 소액사건의 특성을 반영한 적절한 입법이라고 생각합니다. 그래서 당사자의 신청이 없더라도 법원에 의한 직권 증거조사가 가능합니다.

결과적으로 일방 당사자에게 유리하고, 반대 당사자에게 불리할 수 있습니다. 소액사건에서는 재판부가 당사자에게 건네는 질문의 파장이 클 수 있습니다. '동문서답'하지 않도록 주의해야 합니다.

생각보다 짧은 변론기일 배정 시간

영화, 드라마와 현실은 다릅니다. 준비한 것에 비해 변론기일이 싱겁게 끝날 수 있습니다.

민사사건 담당 재판부는 변론기일 전 당사자들이 제출한 소장, 답변서 및 준비기일 등을 통해 사건의 윤곽을 파악했을 가능성이 높습니다.

배당된 사건이 많으면 당사자가 재판에 출석하였음에도 진술할 수 있는 시간이 많지 않습니다. 당사자가 새로운 주장, 증거신청을 하지 않는다면 1회 변론기일 후 변론을 종결할 수도 있습니다.

주변에 사건을 도와줄 사람이 없는지 질문

재판장이 이러한 말을 하는 것을 들은 적이 있습니다. 뭔가 상황이 좋지 않다는 뜻으로 들렸습니다. 법원이 한쪽의 편을 들어 자문해줄 수 없기 때문에 요즘에도 이러한 언질을 주는지는 잘 모르겠습니다.

법원이 좋아하는 글

법원은 당사자들이 제출한 글을 가장 열심히 읽는 독자라고 들었습니다. 하지만 법원의 판사도 사람인지라 사실관계가 읽기 쉽게 잘 정리된 글을 선호할 것이라고 생각합니다.

시대에 순응하는 법원의 변화를 실감

전자소송 홈페이지는 높았던 법원의 문턱이 낮아졌음을 확인하는 상징물입니다. IT기술은 금융, 게임, 결제 분야를 넘어 우리 삶의 전방위에 걸쳐 그 영향력을 넓히고 있으며 소송도 예외가 아님을 다시 확인하였습니다. 1부에서 전자소송 홈페이지를 이용해 몇 가지 소장을 작성하는 데 많은 지식과 시간이 필요하지 않다는 것을 직접 보여드렸습니다.

이제 눈에 보이지 않는 법률, 소송절차도 눈으로 볼 수 있게 되었습니다. 10년 이상 걸린 '법원 업무 전산화'는 오랜 시간 내부 법원 소속 공무원들의 보이지 않는 반대가 있었던 것 같습니다('전산화를 하더라도 법원 소속 공무원들의 수를 줄이지 않아도 된다는 결과'가 꽤 비중 있게 다뤄진 연구 논문 존재 자체가 이를 방증한다고 볼 수 있습니다).

배출되는 변호사 수의 증가로 이미 변호사 업계의 경쟁은 치열합니다. 인공지능의 시대(대략 2040년 전후)가 오면 변호사라는 직업도 사라지게 될 것이라는 예상이 유력합니다. IBM 사의 왓슨 등 인공지능은 사람 변호사보다 더 빠르고, 정확한 결론을 찾습니다.

가히 놀랄 만한 수준입니다. 눈에 보이지 않는 법률, 소송절차를 IT 기술의 도움을 받아 시각화하는 데 성공하였다고 평가하고 싶습니다. 눈에 보인다면 설명하는 것이 수월합니다. **'IT 기술의 도움+설명=일반인들도 간단한 소**

송은 큰 무리 없이 진행.' 법원, 소송업무를 담당하는 변호사들은 이미 이러한 변화를 자연스럽게 받아들이고 있습니다. 제가 금융권에 있어 'IT 폭풍'을 알아채지 못하면서 적응한 것과 같은 맥락입니다.

셀프소송에 대한 생각

많은 변호사들이 '일반인이 셀프소송을 할 수는 있는데, 그렇게 간단하지 않을 것'이라고 대답할 것 같습니다. 현재는 소가(수임료)와 상관없이 소액사건도 변호사의 일정한 시간(품)이 소요되기 때문에 수임료를 대폭 낮추기 어렵습니다.

IT 기술이 조금 더 향상되고, 맞춤형 설명이 제공되어 일반인들의 소송수행이 더 수월해지는 환경이 형성되면, 소송 위임을 전제로 하지 않은 유료 법률 상담 서비스(문서 작성, 문서 리뷰, 법률 자문)를 전문적으로 제공하는 로펌의 등장도 가능하다고 예상합니다.

법률구조공단, 각 행정기관 또는 인터넷 포털 사이트에 쌓아 둔 법률 상담 정보, 소장 작성 정보, 서류를 자동으로 읽는 프로그램이 매칭(결합)된 프로그램을 갖추고서 말이죠.

1년 발생 사건 연간 1,800만 건

2020년 법원 통계자료에 따르면 전 국민 100명 중 35명에게 법률 사건이 발생하고, 100명 중 12명이 소송 사건에 휘말린 것으로 밝혀졌습니다. 1년 동안 발생한 전체 사건은 총 1,800만 건으로 소송 사건은 약 660만 건이 진행되었습니다. 민사소송은 총 480만 건이며 본안 사건은 약 100만 건, 나머지 380만 건은 본안 외 사건입니다.

제1심 사건에 대한 인구 대비

(표 3)

구분 / 연도	총사건/총인구	소송사건						비송사건/총 인 구
		소송사건/총 인 구	본안사건				본안외사건/총 인 구	
			본안계	민 사	가 사	형 사		
2011	0.3564	0.1197	0.0263	0.0194	0.0011	0.0055	0.0933	0.2367
2012	0.3495	0.1198	0.0276	0.0205	0.0011	0.0058	0.0921	0.2297
2013	0.3566	0.1244	0.0281	0.0214	0.0010	0.0053	0.0963	0.2322
2014	0.3650	0.1218	0.0287	0.0222	0.0010	0.0052	0.0930	0.2433
2015	0.3949	0.1184	0.0259	0.0195	0.0010	0.0050	0.0925	0.2765
2016	0.3618	0.1252	0.0255	0.0188	0.0010	0.0053	0.0997	0.2366
2017	0.3436	0.1249	0.0261	0.0197	0.0009	0.0051	0.0988	0.2188
2018	0.3353	0.1218	0.0245	0.0185	0.0009	0.0046	0.0973	0.2135
2019	0.3363	0.1225	0.0244	0.0183	0.0009	0.0048	0.0981	0.2138
2020	0.3580	0.1234	0.0242	0.0179	0.0009	0.0050	0.0992	0.2346

주 : 이 표는 인구수에 대한 접수건수 대비임

〈출처: 법원 통계자료(2020), 596쪽〉

전자소송 및 변호인 선임 비율

2020년 민사본안사건의 접수 건수 100만 건 중 제1심 사건의 전자접수(전자소송) 비율은 91%(1심)입니다. 이중 종이 소송 접수 비율은 9%에 불과합니다. 1심 소액사건 전체 65만 건 중 58만 건이 전자소송으로 진행되었습니다.

변호사 선임 비율은 합의 사건 84.3%, 단독 사건 51.1%, 소액사건 18.2%로 낮아집니다.

제5장 통 계

제1심 민사본안사건 변호사 선임 건수

(표 20)

구분 / 연도	합의 처리건수	합의 원고	합의 피고	합의 쌍방	단독 처리건수	단독 원고	단독 피고	단독 쌍방	소액 처리건수	소액 원고	소액 피고	소액 쌍방
2016	40,458	11,624 (28.7)	1,983 (4.9)	20,941 (51.8)	243,798	65,611 (26.9)	12,197 (5.0)	41,384 (17.0)	677,024	94,900 (14.0)	8,236 (1.2)	5,105 (0.8)
2017	42,260	11,969 (28.3)	1,762 (4.2)	19,987 (47.3)	214,651	59,619 (27.8)	11,138 (5.2)	40,831 (19.0)	772,806	89,557 (11.6)	9,154 (1.2)	5,919 (0.8)
2018	40,679	11,313 (27.8)	1,795 (4.4)	19,065 (46.9)	198,897	57,240 (28.8)	10,124 (5.1)	39,610 (19.9)	699,632	95,594 (13.7)	11,468 (1.6)	8,231 (1.2)
2019	47,414	12,039 (25.4)	1,748 (3.7)	20,008 (42.2)	208,183	59,768 (28.7)	10,136 (4.9)	40,822 (19.6)	672,526	100,051 (14.9)	11,427 (1.7)	9,022 (1.3)
2020	47,970	11,837 (24.7)	1,736 (3.6)	19,986 (41.7)	215,849	58,575 (27.1)	9,702 (4.5)	42,166 (19.5)	649,152	95,700 (14.7)	12,440 (1.9)	10,421 (1.6)
	[39,819]	[11,837] [(29.7)]	[1,736] [(4.4)]	[19,986] [(50.2)]	[215,815]	[58,575] [(27.1)]	[9,702] [(4.5)]	[42,166] [(19.5)]	[649,088]	[95,700] [(14.7)]	[12,439] [(1.9)]	[10,421] [(1.6)]

주 : 1. 처리된 사건 중 변호사가 대리인으로 선임된 사건수로 '원고'란에는 원고만이 대리인을 선임한 경우, '피고'란에는 피고만이 대리인을 선임한 경우, '쌍방'란에는 원고, 피고 모두 대리인을 선임한 경우(당사자 일방 또는 쌍방이 수인일 경우 그 중 어느 1인만이 대리인 선임한 경우 포함)임

2. ( )내의 수는 선임비율(%)임

〈출처: 법원 통계자료(2020), 610쪽〉

통계자료를 보면 소가 3,000만 원 미만의 소액사건은 대부분 전자소송의 형식으로 변호사 선임이 없는 셀프소송으로 진행된 것으로 추정할 수 있습니다.

아마 소액사건 승소 금액 대비 변호사 선임료(착수금, 성공보수)가 차지하는 비중이 높아 선임할 이유가 적기 때문인 것 같습니다. 변호사 입장에서도 최소 인건비보다 낮은 수임료를 받기는 곤란할 것입니다.

민사사건 소송을 제기하는 원고는 보통 착수금과 성공보수를 나누어 지급합니다. 보수는 사건의 복잡성과 난이도, 소송금액 등에 따라 조금씩 다르지만 통상 착수금은 500만 원 전후입니다. 간단한 사건은 300만 원, 조금 복잡하면 700만~1천만 원이 될 수도 있습니다. 성공보수는 보통 승소한 금액의 5~10% 정도를 받습니다.
《허변의 모르면 호구 되는 최소한의 법률상식》(2020, 허윤 지음, 원앤원북스)

소송 위임을 조건으로 하지 않는 유료 법률 상담

2부에서 소장 작성을 시도해보았습니다. 생각지 못한 사소한 부분에서 막혔거나 본인의 약점을 발견하여 보완이 필요하거나 답을 채우지 못한 공란이 있을 수도 있습니다. 이제 소장 작성 시도 후 법률 상담을 받으러 가면 일반적인 소송, 상식을 듣는 데 비싼 변호사 상담 시간을 소비하지 않아도 됩니다.

구체적인 질문과 자문을 통해 스스로가 처리하지 못한 부분을 해결할 수 있습니다. 변호사와의 역할 분담은 이미 시작되었습니다. 우선 자신이 아는 것과 모르는 것을 구분합니다. 그리고 모르는 것은 외주로 해결합니다. 모르는 것을 해결하기 위해 장시간 고민하지 않아야 합니다.

중요한 사실관계 정리는 본인 몫

사건정리는 당사자가 직접 챙겨야 합니다. 제3자가 입출금 내역 또는 당사자 사이에 주고받은 대화의 맥락을 파악하기는 어렵습니다. 당사자만 알 수 있는 경험, 기억, 사건에 대한 정보는 당사자가 정리해야 합니다. 변호사에게 사건을 위임하더라도 사건정리만큼은 의뢰인이 직접 챙겨야 합니다.

정리할 사실은 해당 소장(신청) 유형의 청구이유(신청이유)에 제시된 '요건 사실'입니다. 예를 들어 소비대차 소송의 경우 돈을 빌려준 사실, 만기가 된 사실, 만기가 되어도 원금을 갚지 않는다는 사실을 뼈대 삼아 육하원칙에 맞춰 글을 쓴 뒤 연결하면 사실관계가 문장으로 정리됩니다.

준비할 자료는 해당 유형 사건의 원인이 되는 계약서(임대차계약서, 공사도급계약서, 근로계약서 등), 사고 발생 기록, 통보서 등의 서류와 그 외 입증서류(소명서류)/첨부서류 항목에 언급된 자료입니다.

증거에 기초하여 사건을 재구성합니다. 분쟁의 원인이 되는 계약 관계, 금전거래, 기타 사건의 경위를 정리해야 합니다.

정리하는 방법은 여러 가지 방식이 있습니다. 시간 순서대로 정리할 수도 있고, 중심 사건을 정한 다음 나름의 기준으로 사건을 연결하는 방식이 적용될 수 있습니다. 과거의 영수증, 통신내역(이메일, 전화 등), 메모지, 서류철, 당사자 사이의 대화 내용 등 **객관적인 증거를 기초로 사건을 쉽게 설명할 수 있을 정도의 수준으로 재구성**하여야 합니다. 이 부분이 가장 까다롭고 어렵습니다.

시간이 지났다면 기억이 정확하지 않아 애를 먹게 됩니다. 차분히 기억을 떠올려야 하므로 심리적인 여유를 갖는 것이 중요합니다. 사건정리를 할 때 적용되는 기준은 '상식'이라고 생각합니다.

변호사 코칭 영역: 작성한 서류 리뷰, 증거에 관한 조언

사건을 변호사에게 위임했다면 변호사가 전담했을 소장 등 서류 작성과 증거 정리를 스스로 했다고 가정해보겠습니다. 이제는 작성한 서류를 검토받고, 빠진 증거가 없는지 확인해야 합니다.

제3자의 시각에서 판단을 받아 보는 과정으로 법률문제 해당 전문가에게 작성한 소장, 증거서류를 건네주면 됩니다. 변호사는 상담 의뢰인의 설명을 구두로 듣는 것보다 소장 등 소송서류 형태로 읽는 것이 더 빠릅니다.

서류를 빠르게 넘기면서 건성으로 읽는 것 같아도 변호사의 머릿속에서는 상식에 기초해 의뢰인이 정리한 사건을 법률에 적용해보는 단계가 진행되고 있습니다. 참고로 상식에 기초한 예측과 법률적인 결론(예측)이 매번 일치하지는 않습니다. 상식은 시간과 장소에 따라 바뀌기도 하며, 상호 모순되는 상식도 많습니다.

몸에 좋다고 알려진 음식이 의사의 입장에서는 환자에게 '독'이 될 수 있으니, 상식보다 의학이 우선하듯, 법률 영역에서도 상식, 학문보다 구체적인 사건에서 법률에 기초한 법원의 판단이 우선합니다.

변호사는 유사 사건의 법원 판결 및 법리를 참조하여 결론을 예측할 수 있는 전문적인 훈련을 받았습니다. 경험상 저나 제 의뢰인이 선례가 없는, 즉 세상에서 최초로 발생한 법률 문제를 겪은 적은 없었습니다.

변호사는 직업의 특성상 법원의 판결문을 지속적으로 업데이트합니다. 일반인이 주변인의 경험담 또는 인터넷 정보를 기초로 상식에 기초하여 준비하였다면, 변호사는 개별 사건(상담 의뢰인이 작성해 온 서류를 기초로 구성한 사건)이 법령, 판례에 기초한 결과가 어떠할지 예측할 수 있습니다. 다만 소송 상대방의 방어가 펼쳐지지 않은 상태이므로 예측을 미리 알려주기 곤란한 경우도 있습니다.

전문가와 일반인의 기량 차이는 분명히 존재하고, 제3자의 입장에서 리뷰하는 과정 또한 꼭 필요합니다. 일반인에게 어려운 일이 변호사의 간단한 처방으로 해결되는 사례도 많습니다. 변호사 상담 과정에서 설령 다 아는 이야기만 들었다고 해도 상담을 통해 리스크나 불안을 감소시켰다는 점에서 의미가 있다고 할 수 있습니다.

대여금, 임대차 등 일상적인 사건임에도 상대방이 일부변제했다는 항변이 있거나 청구채권의 이자 계산 기산

일이 다른 경우 디테일한 함정이 좀 있습니다. 이 부분은 직접 스스로 학습하여 해결하기보다는 변호사 상담을 받는 게 더 좋습니다.

또 전자소송 시스템에서 제공되지 않은 부분에 궁금증이 생겼다면 이를 모아서 전문가의 조력을 받아보기를 추천합니다. 때에 따라 상담보다 소송 위임을 맡기는 게 더 적합한 경우도 있을 것입니다. 사안마다 경계가 모호할 수 있으므로 그 기준을 일률적으로 정하기는 어렵지만 스스로 본인 사건을 챙기기로 마음먹고 실행하고, 소송 위임을 하거나 자문만 받거나에 상관없이 외부 조력을 받는다면 승소 확률이 더 높아진다는 점은 분명할 것 같습니다.

법원 출석 후 진술

법원에 출석하지 않아도 판결이 가능한 몇 가지를 제외하면 민사소송에서 최소 1회 정도는 본인이 직접 법원에 출석하여 진술하게 됩니다.

출석한 당사자를 확인하고, 사건 번호를 호명하며, 각 당사자가 제출한 증거에 대해 상대방이 동의하는지 여부를 확인하는 증거 동의 절차를 거친 후 더 필요한 증거가 있다면 증거신청 및 증거조사를 위해 변론기일을 다시 지정하기도 합니다.

소액사건 심판의 경우 1회 변론기일이 원칙이므로 바로 변론을 종결할 수 있습니다. 그러므로 초기에 타이트한 준비가 필요합니다.

어쭙잖고 얄팍한 정보로 분쟁만 부추기는 것은 아닐지, 실력이 출중한 동료, 선후배 변호사들이 즐비한 변호사 시장에서 살아남기 위한 발버둥으로만 비치지는 않을지 걱정이 되었습니다. 만약 소송 수임을 전담하여 민원인을 장래 고객으로 생각했다면, 전산시스템을 설계한 경험이 없거나 사용에 조금이라도 거리낌이 있었다면 그리고 비교적 장시간 동안 소속 회사의 부동산 관리업무를 하지 않았다면 대법원 소송시스템 사용법이 포함된 이 책을 쓰기로 마음먹지는 않았을 것 같습니다.

'부동산 가격이 올라도, 내려도 분쟁 발생' '분쟁 해결은 소송'이라고 섣부른 결론을 내고 싶지는 않습니다. 임대인과 임차인이 상호 좋은 관계를 유지하는 경우가 더 많고 입장과 생각의 차이를 줄이는 해법은 다양하기 때문입니다. 다만 어쩌다 이해관계가 얽히고설키었을 때 참조할 만한 '소송 제기가 포함된 읽기 쉬운 매뉴얼'을 써보자는 다짐을 실행하고 싶었습니다.

이러한 취지에 적극적으로 동의하고 응원해주신 북오션의 박영욱 사장님, 꼼꼼한 편집과 교정을 마다하지 않

은 편집부 직원들, 근무 중의 '딴짓'을 너그러이 본척만척해 주신 허광우 이사님 그리고 직장 동료들께 감사와 죄송함을 전하고 싶습니다. 독박 육아 후 이제는 로드매니저로 전향하여 양육을 전담하는 아내 김영희와 예쁜 딸 구선우에게 무한한 사랑을 품은 마음을 전합니다.